wir
sprechen
schreiben
lesen

Sprachbuch
für das 4. Schuljahr

Verfaßt von
Christa Schenzer-Heimann
Rolf Diefenbach
Christa Engemann

Illustriert von Anke Münter und Jörg Drühl

Oldenbourg

Inhalt

Für kritische Durchsicht danken wir
Marianne Kreft / Mannheim, Friedrich-W. Mielke / Sigmaringendorf,
Renate Saschin / Bonn und Damaris Scholler / Stuttgart.

☆ = Differenzierungsangebot

3

Lippels Traum

Paul Maar

Lippel, der eigentlich Philipp heißt, ist empört. Seine Eltern reisen für eine Woche nach Wien und lassen ihn zu Hause, weil er ja zur Schule gehen muß. In dieser Zeit soll Frau Jakob für ihn sorgen, mit der es Lippel aber nicht gutgeht. Zum Glück gibt es da noch Lippels Freundin, die alte Frau Jeschke, und zwei neue türkische Kinder in seiner Klasse.
Und wer ist Muck? Der kleine herrenlose Köter, der Lippel immer auf dem Schulweg nachläuft, oder der Hund aus dem Königspalast? Sind Asslam und Hamide, mit denen Lippel im Sandsturm durch die Wüste irrt, die Kinder aus seiner Klasse oder in Wirklichkeit ein Prinz und eine Prinzessin aus dem Morgenland?
Es ist ein aufregendes Abenteuer, das Lippel da träumt, und er selbst steckt mittendrin.

Oder ist es gar kein Traum?

① Die Bilder verraten euch einiges über das Buch *Lippels Traum*.
   Was vermutet ihr?

② Oft steht auf dem Umschlag eines Buches ein kleiner Text, der uns auf das Buch neugierig machen soll. Was erfahrt ihr im Text oben über das Buch?

☆ Der Schriftsteller Paul Maar hat das Buch *Lippels Traum* geschrieben.
   Kennt ihr dieses oder andere Bücher von Paul Maar?

Prinzessin Hamide, Prinz Asslam und Lippel werden von Wächtern gefangen-
genommen und in die Wüste gebracht. Die Kinder beobachten, wie ein Sandsturm
näherkommt.

„Wenn es eine Gelegenheit zur Flucht gibt, dann während des Sandsturms   "

„Hast du schon einmal einen Sandsturm erlebt   "

„Der Sandsturm ist schrecklich, du wirst es erleben   "

„Du brauchst ein Tuch für Nase und Mund   "

„Hast du nur dieses Gewand   "

„Hast du keinen Turban   "

„Dann nimm dieses Tuch hier   "

„Wir fliehen, wenn der Sturm losbricht   "

„Still jetzt   "

„Die Wächter kommen zurück   "

Paul Maar

① Worüber spricht Hamide mit Lippel?
In welchen Sätzen will sie etwas wissen?
Wo teilt sie ihm etwas mit?
Wo fordert sie Lippel zu etwas auf?

etwas wissen wollen		Fragesatz ?
etwas mitteilen		Aussagesatz .
zu etwas auffordern		Aufforderungssatz !
etwas ausrufen		Ausrufesatz !

② Schreibe auf, was Hamide sagt und setze die richtigen Satzzeichen!

Lippel bleibt auf der Flucht zurück und will, daß die Kinder auf ihn warten.

Lippel hat die Wächter belauscht und weiß, daß sie die Königskinder töten wollen. Er will die beiden warnen.

③ Was könnte Lippel in den beiden Situationen sagen, fragen oder rufen?
Schreibe passende Sätze auf! Setze die richtigen Satzzeichen!

die Birne
die Katze
die Orange
der Teppichknüpfer
der Korbflechter
das Kamel
der Laden
der Bettler
der Teppich
der Lederbeutel
der Palast
der Prinz
der Glasbläser
der Händler
der Turm
der Stall
der Armreif
der Wächter
der Hund
der Apfel
das Haus
die Herberge
das Pferd
die Feige
die Dattel
der Turban
der Reiter

① In den Gassen und auf dem Markt der morgenländischen Stadt gibt es für Lippel viel zu sehen!

② Schreibe die Namenwörter in der Einzahl und Mehrzahl auf:
der Armreif – die Armreifen, …

Lippel trifft viele verschiedene *Menschen:* Bettler, Reiter, …
Manche Leute arbeiten gerade. Welche *Berufe* haben sie? Teppichknüpfer, …
In der Stadt gibt es auch *Tiere:* …
Lippel sieht verschiedene *Gebäude:* …
Auf dem Markt gibt es viele *Früchte:* …
Welche *Gegenstände* entdeckt Lippel? …

③ Schreibe den Text vollständig auf!

Vergiß die Begleiter (Artikel) nicht:
der die das

Bezeichnungen für Menschen, Tiere, Pflanzen, Dinge sind **Namenwörter.**
Man nennt sie auch **Substantive.**
Namenwörter (Substantive) schreiben wir groß.

…Dann gibt es Menschen, die können sich beim Aufwachen noch an jede Einzel**heit** ihres Traumes erinnern. Das war bei Lippel so. Er träumte so lebhaft und vor allen Dingen so eindringlich, daß er manchmal in der Erinner**ung** Traum und Wirklich**keit** nicht mehr auseinanderhalten konnte.

Mit manchen Erinner**ung**en hatte er keine Schwierig**keit**en: Wenn er sich zum Beispiel ganz deutlich an einen Schwarm kleiner grüner Elefanten, an eine Henne mit Vorderradantrieb oder an zwei kopfstehende Politessen erinnerte, wußte er sofort, daß sie nur aus einem Traum stammen konnten…

Paul Maar

① Wie war das mit Lippels Träumen? Erzählt davon!

② Bei einigen Wörtern im Text sind die Wortbausteine -heit -keit -ung hervorgehoben.
Suche sie heraus und schreibe sie mit dem Begleiter (Artikel) auf!

Wörter mit den Wortbausteinen -heit -keit -ung sind auch **Namenwörter (Substantive)** und werden groß geschrieben.

schwierig wirklich feige tapfer klug schön dumm unsicher dunkel munter gesund heiter krank sicher

erinnern ordnen wohnen entdecken bekleiden entschuldigen ändern achten steigen

-heit oder -keit

-ung

③ Aus diesen Eigenschaftswörtern kannst du Namenwörter bauen:
schwierig – die Schwierigkeit, …

④ Aus diesen Zeitwörtern kannst du Namenwörter bauen:
erinnern – die Erinnerung, …

⑤ Verwende einige der Wörter in Sätzen:
Die Aufgabe ist schwierig. Lippel hat keine Schwierigkeiten.

Ich habe vor, mit Mama nach Wien zu fahren.

Und ich? Komme ich nicht mit?

Das geht leider nicht. Du mußt doch in die Schule.

Ihr könnt mich doch nicht eine ganze Woche allein lassen.

Es wird solange jemand hier wohnen und für dich sorgen.

Wer denn?

Das wissen wir noch nicht. Ich verspreche dir:
Wir fahren nur, wenn wir jemanden finden, der nett ist.

Ihr könnt mich doch nicht eine Woche lang bei einem
Fremden lassen.

Denk darüber nach! Vielleicht kannst du dich an den
Gedanken gewöhnen.

Nie!

Paul Maar

① Findet ihr heraus, was der Vater und was Lippel spricht?

② Lest das Gespräch in verteilten Rollen!

③ Was würdet ihr an Lippels Stelle sagen?

fragen   jammern   schreien   entgegnen   versprechen
erklären   seufzen   schwören   erwidern   protestieren
sagen   bitten   vorschlagen   behaupten   auffordern

④ Welche dieser Ausdrücke passen zu dem Gespräch? Probiert es aus!

⑤ Schreibe das Gespräch mit passenden Begleitsätzen auf!
Vergiß die Satzeichen und die Anführungszeichen nicht:

Vater sagt: „Ich habe vor, …   *„Und ich? Komme ich nicht mit?" fragt Lippel.*
　　↑　　　　↑　　　　　　　　　　↑　　　　　　　　　　↑
Begleitsatz wörtliche Rede   wörtliche Rede   Begleitsatz

er Sandsturm wurde schwächer und hörte ebenso unvermittelt auf, wie er begonnen hatte.

Lippel richtete sich langsam auf, wischte den Sand aus seinem Gesicht und schüttelte sich, um die Sandkörner aus seinen Haaren und Kleidern zu schleudern.

Er guckte sich um. Bis zum Horizont dehnte sich die Wüste aus. Wohin er blickte:

Nur Sand und flache Sanddünen.

Von der Oase war nichts zu sehen. Sein Pferd mußte ziemlich weit gestürmt sein, ehe es ihn abgeworfen hatte. Durch den Sturm hatte er nicht abschätzen können, wie lange und wie weit er hinter den anderen hergeritten war.

Er hätte gern am Stand der Sonne festgestellt, aus welcher Richtung sie gekommen waren. Aber er konnte es nicht.

Und der Sturm hatte alle Spuren im Sand gelöscht.

Er war allein. Ganz allein in der Wüste, und er wußte nicht, was er tun sollte. Warum hatten ihn die beiden nur allein gelassen!

Sollte er versuchen, zur Oase zurückzufinden?

Paul Maar

① Erzählt, wie es Lippel in seinem Traum ergeht!

② Träumt Lippels Traum weiter!

fremdes Land

junger Prinz

Ausritt

Räuber

wilde Jagd

Wüste

Oase

Höhle

Kerzen verlöschen

Dunkelheit

viele Gänge

umherirren

unheimliche Geräusche

Gestalt

Rettung

③ Schreibe eine Traumgeschichte, in der du vorkommst!
Du kannst dir dafür einige Traumwörter aussuchen.

④ Vielleicht möchtest du auch einen echten Traum von dir aufschreiben?
Male ein Bild dazu!

Drachentempo 10

① Was meint ihr dazu?

② Spielt das Gespräch zwischen dem Drachen und dem Bären!

③ Seht euch das Spiel auf der nächsten Seite an!
Der Drache in der Drachenverkehrsschule. Erzählt!

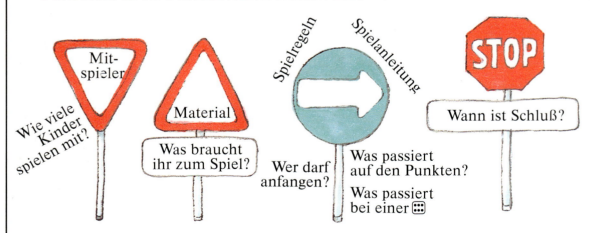

④ Überlegt euch in der Gruppe Antworten auf die Fragen!

⑤ Erfindet selbst eine Spielanleitung und spielt das Verkehrsspiel!
Legt fest, was passiert, wenn ihr auf ein oranges, gelbes oder grünes Feld kommt!
Ihr könnt auch Minus- oder Pluspunkte vergeben.

Ich fahr' mit Tempo 10

Ich fahr' mit Tem-po 10. Da gibt es viel zu seh'n!

Ich geb' mit mei-nen Fü-ßen Gas, brauch' kein Ben-zin und Aus-puff-gas,

wenn sich die Rä-der dreh'n, dann fahr' ich Tem-po 10.

① Drachentempo 10! Welchen Vorteil hat Tempo 10?

② Suche im Wörterbuch Wörter, die zur Wortfamilie *fahren, drehen, sehen* gehören!

Am nächsten Tag steht der Drache früh auf. In der Verkehrsschule wartet schon der Bär. Der Drache steigt auf sein Fahrrad und fährt los.
„So geht es aber nicht!" stöhnt der Bär. „Du mußt dich umsehen, ehe du losfährst."
Mit hoher Geschwindigkeit flitzt der Drache über die nächste Kreuzung.
„Oh weh, das darf doch nicht wahr sein! Beachte die Vorfahrt und nimm mehr Rücksicht! Sonst mußt du dein Fahrrad schieben!" droht der Bär. „Was du da machst ist sehr gefährlich."
Etwas vorsichtiger fährt der Drache weiter. Er beachtet jetzt die Verkehrszeichen.
Er sieht sich rechtzeitig um und macht kaum noch Fehler.
Nach der zehnten Runde schaut der Bär auf die Uhr und lobt ihn: „Ehrlich, wenn du so weiter übst, kannst du die Prüfung bestehen."

③ In dem Text findest du viele Wörter mit dem Dehnungszeichen-h!

Schreibe sie heraus und kreise ⓐⓗ ⓔⓗ ⓘⓗ ⓞⓗ ⓤⓗ ⓐ̈ⓗ ⓤ̈ⓗ ⓞ̈ⓗ ein!

der Hahn
die Zahl der Lohn der Zahn
stehen die Sohle die Wahl die Bahn
wählen die Kohle der Sohn gehen
fehlen fühlen zählen stehlen
lohnen kühlen wohnen

④ Stelle Reimwörter zusammen! Schreibe sie auf und kennzeichne ⓐⓗ ⓞⓗ …!

Der Drache 🚲 mit seinem Fahrrad über einen schmalen Steg.
Dort 🚲 er auf den Bären, der auch über den Steg will.
„Aus dem Weg!" 🚲 der Bär.
„He, 🚲 sofort aus!" 🚲 der Drache.
„Du 🚲 wohl, ich bin viel älter als du", 🚲 der Bär.
Keiner 🚲 nach. Sie 🚲 sich mit den übelsten Ausdrücken.
„Nun 🚲 mal zu", 🚲 schließlich der Drache.
„Ich 🚲 dich zum letzten Mal: Machst du mir
jetzt endlich Platz oder nicht? Wenn du es
nicht 🚲 , 🚲 du etwas erleben!"

fährt	gibt
trifft	beschimpfen
brummt	höre
weiche	sagt
ruft	frage
spinnst	tust
erwidert	kannst

① Erzähle, wie es zu diesem Streit kam!

② Wie könnte die Geschichte weitergehen?

③ Schreibe den Text auf und setze dabei die fehlenden Zeitwörter ein!

er fährt   es regnet

Zeitwörter sagen uns, was jemand tut oder was geschieht.
Für Zeitwort kannst du auch **Verb** sagen.

Erinnerst du dich?

④ Schreibe alle Zeitwörter (Verben) so auf: *er fährt – fahren, …*

gibt   wartet
hält   rennt   begegnet
besteht   schiebt   achtet
beobachtet   beachtet
sucht   testet   fährt
sieht   kennt   fragt
übt   stoppt

sie
er
es

an der Sichtlinie
nach dem Weg   die Klingel
das Fahrzeug   Handzeichen
an der Ampel   über die Straße
den Verkehr   am Haltestreifen
die Prüfung   auf die Fußgänger
den Gegenverkehr   dem Bären
sein Fahrrad   die Verkehrszeichen
in der Verkehrsschule
auf dem Radweg

⑤ Bilde aus den Wörtern in den Büschen viele Sätze!
Du kannst auch selbst Sätze erfinden!
Ersetze die Fürwörter er, sie, es durch Namenwörter (Sylvia, …)!

① Der Drache und der Bär machten eine Radtour. Erzähle, was dabei passierte!

② Wie war den beiden nach dem Unfall wohl zumute? Spielt die Szene!

☆ Du kannst dir auch einen anderen Schluß ausdenken.

④ Welche Ausrufe passen zu dieser Geschichte?
An welcher Stelle kannst du sie einsetzen?

⑤ Was sagt wohl der Bär, was der Drache? Schreibe die Ausrufe mit den passenden
Begleitsätzen auf: *„Prima gemacht", lobt der Bär.*

14

① Welche Einleitung paßt am besten zu der Geschichte? Begründe!
② Überlege dir einige wichtige Punkte für den Hauptteil deiner Geschichte!
  Wie kam es zu dem Unfall? Was passierte? Was taten die beiden?
③ Schreibe nun die ganze Geschichte auf!
  Du kannst die Wörter aus dem Bild zu Hilfe nehmen.
④ Welche Überschriften passen zu der Geschichte, welche sind weniger geeignet?

Siebenschläfer-Geschichten

Seit einiger Zeit hören Sonja und Jochen in der Nacht seltsame Geräusche auf dem Dachboden. Als sie der Sache nachgehen, machen sie eine aufregende Entdeckung: Unter dem Dach hausen Tiere! Um mehr über ihre neuen Hausbewohner zu erfahren, schlagen sie im Tierlexikon nach: Es sind Siebenschläfer.

Der Siebenschläfer gehört zur Familie der Bilche.
Wie das Eichhörnchen hat der Siebenschläfer einen buschigen Schwanz, er ist aber nur ungefähr so groß wie eine Maus. Wie die meisten Mäuse ist er ein Nachttier. Der Siebenschläfer ist ein flinker Kletterer. Er lebt auf Bäumen und baut sein Nest in Baumlöchern oder hoch oben im Laubdach des Waldes. Sein Fell ist hellgrau, weich und dicht. Seine Füße sind zum Klettern gut geeignet, denn sie haben lange, biegsame Zehen. Der Siebenschläfer frißt sowohl tierische als auch pflanzliche Kost. Er frißt Schnecken im Garten und ernährt sich von Samen, Beeren und Obst.
Der Siebenschläfer ist wegen seines langen Winterschlafes bekannt. Dieser dauert sieben Monate und beginnt im Oktober. Wie andere Winterschläfer setzt der Siebenschläfer im Herbst kräftig Fett an.
Der Winterschlaf ist sehr tief und das Tier ganz starr und kalt. In dieser Zeit ist der Siebenschläfer gegenüber Wieseln, Mardern und anderen Kleinraubtieren fast wehrlos. Deshalb kommen viele Siebenschläfer um.
Der Siebenschläfer steht unter Naturschutz.

① Was erfahrt ihr in diesem Lexikonartikel über die Siebenschläfer?

☆② Sammelt alles, was ihr über die Siebenschläfer finden könnt: Bilder, Zeitungsartikel, Bücher...

Mein Siebenschläfer-Steckbrief

Familie :Bilche   Lebensraum:..........
Aussehen:.......... Feinde   :......
Nahrung:........   Überwinterung:.........

① Schreibe einen Steckbrief über den Siebenschläfer!

② Verfasse einen Steckbrief über ein anderes Tier, das bei uns den Winter verbringt (Eichhörnchen, Feldmaus, Hamster, Wiesel…)!
Gestalte deinen Steckbrief mit eigenen Zeichnungen oder ausgeschnittenen Bildern!

③ Bilde mit einigen dieser Eigenschaftswörter Sätze über den Siebenschläfer!
Der Lexikonartikel hilft dir dabei.

☆4 Suche passende Eigenschaftswörter zu deinem Lieblingstier! Laß die anderen Kinder raten, welches Tier du meinst!

Ich bin auch flink.

Mit **Eigenschaftswörtern** können wir Lebewesen und Dinge genauer beschreiben.
Das Eigenschaftswort heißt auch **Adjektiv.**

17

Tier · riesig · neugierig · Wiesel · lieber · frieren · Frieden · schief · schließen · fliegen · Kiefer · schwierig · Spiel · niedrig · liegen · Wiese · verlieren · tief

① Wie viele Siebenschläfer entdeckst du im Garten?

② Lies die *ie*-Wörter deutlich!

③ Ordne die *ie*-Wörter nach Namenwörtern, Zeitwörtern, Eigenschaftswörtern!

diese · vier · sieben · vielleicht · niemals · verschieden · viele · hier · wieder · schließlich · ziemlich · niemand

④ Wortlistentraining!

alle *ie*-Wörter aus der Wiese untereinanderschreiben

Partnerdiktat

bei Fehlern die Wörter noch einmal richtig aufschreiben

karteriertes Papier im Querformat 4 Spalten abknicken

abschreiben vier hier

Diktat

Verbesserung

verwandte Wörter

verwandte Wörter eintragen (Wörterbuch!)

☆ Übe auch die *ie*-Wörter aus dem Garten oben mit einer Wörterliste!

① Schreibe die Zeitwörter (Verben) in der Grundform und in der Vergangenheit auf!
schlafen – schlief, …

Sonja und ▬ Bruder haben einen Siebenschläfer gefangen. Sie geben ▬ Apfelstückchen zum Fressen. Sie möchten ▬ noch eine Weile beobachten und ▬ Freunden zeigen. Danach wollen sie ▬ auf einer Obstwiese in der Nähe einer Scheune wieder freilassen.

② Schreibe die Sätze ab und setze dabei die fehlenden Wörter ein!

Wörter mit *ih*!

ihn
ihr
ihnen
ihren
ihm

Siebenschläfer

Weißt du, woher die Siebenschläfer ihren Namen haben? Ihr Winterschlaf dauert länger als sieben Monate, von Anfang Oktober bis in den Mai. In dieser Zeit verkriechen sie sich in Nistkästen der Vögel, in Baumhöhlen oder beziehen ihr Quartier auf einem Dachboden. Sie schlafen tief und fest. Ihre Körpertemperatur ist in dieser Zeit niedrig, und sie frieren nicht.

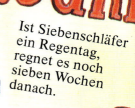

27. Juni

Ist Siebenschläfer ein Regentag, regnet es noch sieben Wochen danach.

③ Schreibe alle Wörter mit *ie, ieh* und *ih* heraus!

④ Übe den Text als Partnerdiktat!

☆⑤ Gestalte ein Kalenderblatt zum Siebenschläfertag!

Meine Siebenschläfer-Geschichte

Eines Nachts wurde ich plötzlich von einem seltsamen Geräusch in meinem Zimmer wach. Ich fuhr hoch und horchte. Nichts! Nach einer Weile hörte ich es wieder – tack, tack, tack, tack, tack –, als wenn jemand durch mein Zimmer trippeln würde. Nun wurde es mir doch ein bißchen unheimlich. Ich rief nach meiner Mutter. Mama kam in mein Zimmer, knipste das Licht an, und da sahen wir es beide: Ein Siebenschläfer turnte auf meinem Bücherregal herum ...

① Wodurch wirkt Jochens Geschichte spannend?

② Überlege, wie Jochens Geschichte weitergehen könnte!
Die Wörter unten können dir dabei helfen.

> wollten fangen ... sauste durch das Zimmer ... Fenster auf ... wollte nicht hinaus ... unter das Bett ... Versteck in der Spielkiste ...

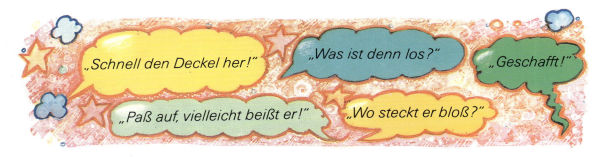

„Schnell den Deckel her!" „Was ist denn los?" „Geschafft!" „Paß auf, vielleicht beißt er!" „Wo steckt er bloß?"

③ An welche Stellen in der Geschichte passen diese Sätze?
Wer könnte das sagen?

④ Schreibe Jochens Siebenschläfergeschichte zu Ende!
Wörtliche Reden machen die Geschichte interessant und spannend!

☆⑤ Schreibe ein Tiererlebnis auf und male dazu!

Einige Verwandte des Siebenschläfers aus der Familie *Maus*:

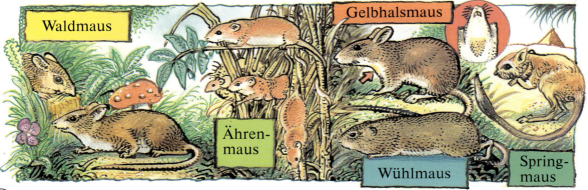

Waldmaus

Gelbhalsmaus

Ähren-
maus

Wühlmaus

Spring-
maus

① Warum heißen sie alle nicht einfach nur Maus?

② Welcher Name sagt dir, • wo die Maus lebt • was sie frißt
• wie sie aussieht • was sie tut

③ Suche dir eine Maus aus und beschreibe sie genau!
Dein Partner errät, welche du meinst.

Ein Bussard, der viele Mäuse frißt: der Mäusebussard
Eine Laus, die auf Blättern zu finden ist: die Blattlaus

die Erdkröte   der Zugvogel   der Goldfisch   die Singdrossel   der Feldhase
das Rotkehlchen   die Wühlmaus   das Wildkaninchen   der Buntspecht

④ Was verraten dir diese Namen über die Tiere?

⑤ Schlage einen der Tiernamen im Tierlexikon nach!
Zeichne das Tier und erkläre seinen Namen!

Murmelfrosch und Wassertier,
Blattmaus, Flederlaus und Salamander,
ist das nicht ein Durcheinander?

Waldschleiche und Rehameise,
Eichbock, Blindhörnchen und Schwein,
darf es noch was andres sein?

Schnirkelnatter, Ringelschneck,
lauft doch bitte nicht gleich weg!

Erkennst du hier ein jedes Tier?
Aber sicher, mal es dir!

⑥ Welche Tiere sind in diesem Reim versteckt? → Auflösung siehe S. 117

21

Hallo, Europa!

1. In Pau - le Puh-manns Pad - del - boot, da pad - deln wir auf See.

1. Wir pad - deln um die hal - be Welt, A - lo - ha - ho - ha - hee!

1. Gu - ten Tag, auf Wie - der - sehn. Gu - ten Tag, auf Wie - der - sehn.

2. In Spanien war es furchtbar heiß,
   da stieg der Pedro zu.
   Der brachte Apfelsinen mit,
   die aßen wir im Nu.
   Buenos dias, hasta la vista!
   Guten Tag, auf Wiedersehn!

3. In Italien war'n wir auch,
   da kam die Marinella.
   Die brachte Tintenfische mit
   auf einem großen Teller.
   Buon giorno, Arrivederci!
   Guten Tag, auf Wiedersehn!

4. Dann fuhr'n wir weiter übers Meer
   bis hin in die Türkei.
   Von da an war'n auch Ahmet und
   die Ayşe mit dabei.
   Merhaba, güle, güle!
   Guten Tag, auf Wiedersehn!

5. Und rund um den Olivenbaum,
   da tanzten wir im Sand.
   Wir nahmen den Wasili mit,
   das war in Griechenland.
   Kali-mera, jassu, jassu!
   Guten Tag, auf Wiedersehn!

6. Und als wir dann nach Hamburg kamen,
   stand Paule Puhmann da
   und rief: „Verflixt und zugenäht!
   Mein Paddelboot ist da!"
   Guten Tag, auf Wiedersehn!

① Viele Kinder steigen in Paule Puhmanns Paddelboot!
   Wie heißen sie? Aus welchen Ländern kommen sie?

② Was heißt *guten Tag* und *auf Wiedersehen* in den verschiedenen Sprachen?
   Kennst du diese Grüße auch noch in anderen Sprachen?

stieg   brachte   aßen   nahmen   waren   kam   tanzten   fuhren   stand   rief

③ Lies die Zeitwörter im Paddel!
   Mache mit deinem Partner ein Wörterdiktat! Schreibe die
   Zeitwörter in der Vergangenheit ab und bilde die Grundform: *stieg – steigen, …*

④ Bringt Bilder, Fotos, Postkarten, Briefmarken, … aus fremden Ländern mit!
   Laßt euch von Kindern aus anderen Ländern aus ihrer Heimat erzählen!

Paule Puhmann fuhr mit seinem Paddelboot weiter nach Norden, nach Schweden.
Und wem begegnet er hier?

1. Weißt du, daß in Schweden
die berühmteste Kinder-
buchautorin der Welt lebt?
Wie heißt sie?

> Diese *mächtigen* Tiere
> kommen auch in Finnland
> und Norwegen vor.
> Wie heißen sie?

2. Ich will das älteste Skimuseum
der Welt besuchen – in der Nähe von
Oslo. In welchem Land bin ich?

3. Hallo, ich bin in Legoland.
Hier gibt es die meisten* Legos
der Welt. Die tollen Burgen
gefallen mir am besten*.

4. Ich grüße euch von einer
großen Insel. Sie ist die
größte Insel der Erde.
Wer kennt sie?

5. In den nächsten Tagen will ich zu
einem hohen Berg. Er ist höher als
der Ätna. Der △ ist
der höchste Berg Europas.

6. Heute habe ich gebadet. Wo?
Dort, wo das Wasser am wärmsten ist.
In der Nordsee oder im
Mittelmeer oder am
Bodensee? Ratet mal!

7. Hallo, meine schöne Europareise ist bald
zu Ende. Morgen geht's noch nach
Finnland, zu meinem Freund Ari.

① Wo Paule überall war! → Auflösung siehe S. 117

② Suche zusammen mit deinem
Partner alle Eigenschaftswörter
aus den Texten!

1. Grundstufe	1. Vergleichsstufe	2. Vergleichsstufe
hoch	*höher*	*am höchsten*

Vesuv — Ätna — Montblanc

Mit Eigenschaftswörtern (Adjektiven) **können wir Lebewesen und Dinge genauer
beschreiben, vergleichen** und **unterscheiden.**

③ Schreibe die Eigenschaftswörter, die in den Rätseln vorkommen, so auf:
mächtig, mächtiger, am …
Bei den Eigenschaftswörtern mit einem Stern mußt du besonders gut aufpassen.

Wörter mit ä und e
Ableitung ä-a
Wortfamilie reisen

Auf den Fähnchen:

T_ler / L_nder
ä oder e?
F_hnchen
St_nde
Pl_ne
Wasserf_lle
St_lle
Kr_ne
St_dte
K_lber
Pf_rde
W_llen
R_he
M_nschen
Pl_tze
Gr_ser
B_rge
Flugh_fen
N_tze
Fahrr_der
_nten
Str_nde
Tierf_lle
B_che

Europareise
Reiselust
Eisenbahnreise
Reisewecker
Weltreise
Reisegeld
Flugreise
Reiseleiter
Sommerreise
Reisebüro
Auslandsreise
Reise...

nach Tilde Michels

① Reisen und kein Ende!
Besprecht, wie ihr die Wörterkette fortsetzen könnt, und schreibt sie auf!

② Was Paule auf seiner Reise gesehen hat, steht auf den Fähnchen!
Lies die Wörter! Achte auf die Aussprache!

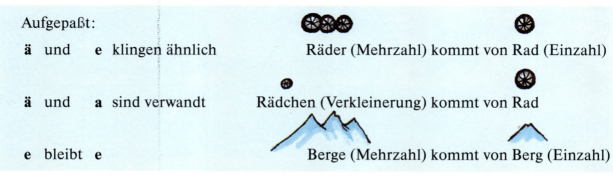

Aufgepaßt:

ä und **e** klingen ähnlich — Räder (Mehrzahl) kommt von Rad (Einzahl)

ä und **a** sind verwandt — Rädchen (Verkleinerung) kommt von Rad

e bleibt **e** — Berge (Mehrzahl) kommt von Berg (Einzahl)

③ Schreibe die Wörter in den Fähnchen so auf: *die Strände – der Strand, ...*

④ Wie sieht deine Traumreise aus? Erzähle, schreibe und male!

24

Wörter mit ä und e
Ableitung ä-a
Anredewörter

Diesen Brief hat Paule von seinem Freund Ari aus Finnland erhalten.

Anredefürwörter
Du, Dich, Dein,
Euer, Euch,
Ihr, Sie, Ihnen
in Briefen groß
schreiben, klar!

Absender:
Ari

An
Paule Puhmann
Goldweg 6

D-2ooo Hamburg

Hei, lieber Paule,
täglich warte ich auf Post von Dir. Ich zähle schon die Tage,
bis Du endlich kommst. Es ist herrlich hier. Dir gefällt es
bestimmt. Bring wärmere Kleidung mit! Du erhälst hier aber
auch warme Sachen aus Rentierfällen. Bei uns ist es nämlich
viel kälter als bei Euch.
   Meine Kälber sind ganz schön kräftig geworden. Hast Du das
Lassowerfen geübt? Dann fängst Du sicher auch ein Rentier-
kalb. Was hältst Du davon?
   Mein Vater fährt gleich mit dem Motorschlitten zu unseren
Herden.
   Also, Tavataan pian!

   Dein Ari

① Was erfährst du in dem Brief über Finnland?

② Schreibe Aris Brief ab!
   Benütze die Rechtschreibhilfen beim Einsetzen von *ä* und *e*!

   Grundform suchen   *du hältst* → *halten*

   Wörter einer Wortfamilie suchen   *kräftig* → *Kraft*

   Wörter einer Wortfamilie suchen   *kälter* → *kalt*

☆③ Sammelt ihr auch Briefmarken?
   Stellt gemeinsam ein Europa-Briefmarkenquartett her!
   Ihr braucht von jedem Land vier
   verschiedene Briefmarken.

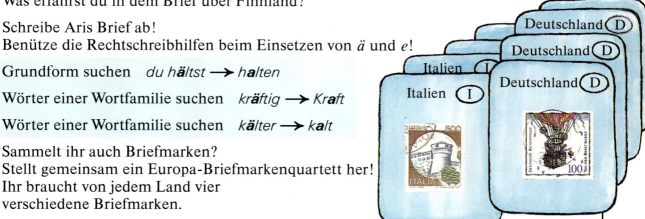

Meine Frucht ist saftig und süß.
Sie hat eine dünne Haut.
Ich mag die
kernlosen grünen Sorten.

Eigenschaftswörter
gelb groß
billig weich klein
blau knackig
saftig grün zart
dünn hart
süß reif
schön
frisch fest   scharf   dick

Spanien Melonen Holland Tomaten

Deutschland Kartoffeln

Portugal Orangen   Frankreich Äpfel

Italien Birnen

Ungarn Paprika   Griechenland Trauben

Türkei Feigen

Deutschland Pilze   Holland Gurken   Belgien Blumenkohl

① Was es hier alles zu kaufen gibt!

② Was kauft Paule? Überlege dir auch solche Rätsel!

→ Auflösung siehe S. 117

③ Paule will einen Obstsalat zubereiten. Was sagt er zu der Marktverkäuferin?

④ Du möchtest eine Gemüsesuppe kochen.
Schreibe einen Einkaufszettel!

Eigenschaftswörter
klein schreiben,
ist doch klar!

die grüne Melone
   grün   ist ein Eigenschaftswort (Adjektiv);
die ist ein Begleiter (Artikel);
      Melone ist ein Namenwort (Substantiv).
Der Begleiter gehört zum Namenwort.

⑤ Schreibe die Lebensmittel mit passenden Eigenschaftswörtern auf: *der feste Kopfsalat,...*

⑥ Aus welchen Ländern kommen das Gemüse und die Früchte, die heute an diesem
Stand verkauft werden. Schreibe: *Orangen aus...*

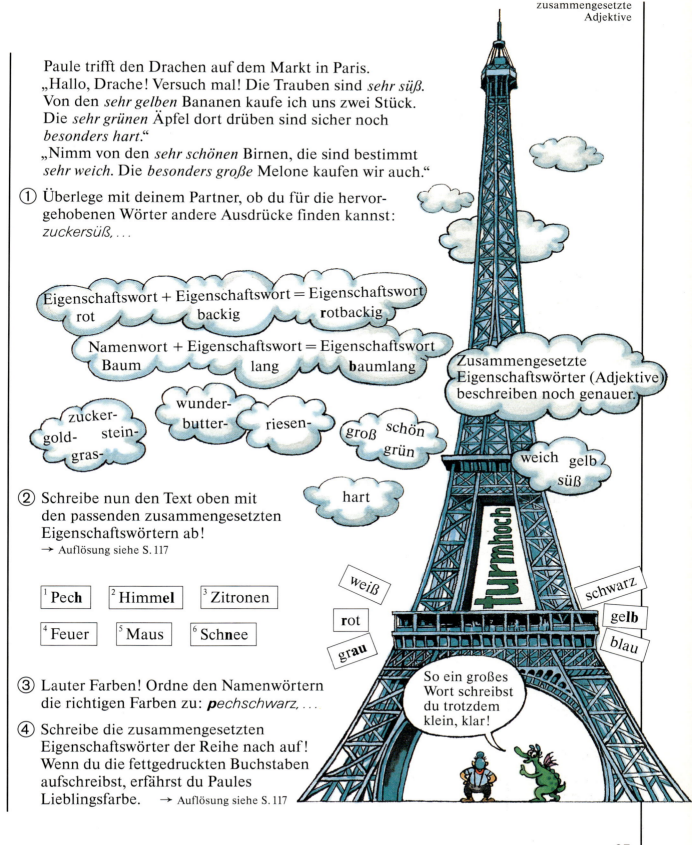

Paule trifft den Drachen auf dem Markt in Paris.
„Hallo, Drache! Versuch mal! Die Trauben sind *sehr süß*.
Von den *sehr gelben* Bananen kaufe ich uns zwei Stück.
Die *sehr grünen* Äpfel dort drüben sind sicher noch
besonders hart."
„Nimm von den *sehr schönen* Birnen, die sind bestimmt
sehr weich. Die *besonders große* Melone kaufen wir auch."

① Überlege mit deinem Partner, ob du für die hervorgehobenen Wörter andere Ausdrücke finden kannst:
zuckersüß, ...

Eigenschaftswort + Eigenschaftswort = Eigenschaftswort
rot   backig   **r**otbackig

Namenwort + Eigenschaftswort = Eigenschaftswort
Baum   lang   **b**aumlang

Zusammengesetzte
Eigenschaftswörter (Adjektive)
beschreiben noch genauer.

zucker-
gold- stein-
gras-

wunder-
butter- riesen-

groß schön
grün

weich gelb
süß

hart

② Schreibe nun den Text oben mit
den passenden zusammengesetzten
Eigenschaftswörtern ab!
→ Auflösung siehe S. 117

| ¹ Pech | ² Hi**mm**el | ³ Zitronen |
| ⁴ Feuer | ⁵ Maus | ⁶ Sch**n**ee |

③ Lauter Farben! Ordne den Namenwörtern
die richtigen Farben zu: ***p**echschwarz, ...*

④ Schreibe die zusammengesetzten
Eigenschaftswörter der Reihe nach auf!
Wenn du die fettgedruckten Buchstaben
aufschreibst, erfährst du Paules
Lieblingsfarbe.   → Auflösung siehe S. 117

turmhoch

weiß
rot
g**r**au

schwarz
ge**lb**
blau

So ein großes
Wort schreibst
du trotzdem
klein, klar!

Feuer

Das Buch Die Höhlenkinder erzählt, wie die Kinder Peter und Eva in ein verlassenes Tal im Gebirge fliehen müssen. Dort finden sie Unterschlupf in einer Höhle und lernen, wie sie in der Wildnis überleben können.

Peter *durchstreifte* den Wald, als plötzlich ein gewaltiger Blitz ganz in seiner Nähe in eine Fichte *einschlug*. Fast gleichzeitig *krachte* es, der Boden *erbebte,* und ein Luftstoß *warf* Peter ins Gras.
Als er aus seiner Benommenheit *erwachte, sah* er, daß aus der zersplitterten Fichte lodernde Flammen zum Himmel *schlugen.* Peter *brach* einen angebrannten Ast ab und *rannte* zurück zur Höhle. Feuer!

Das *bedeutete* für ihn und Eva Wärme im Winter, Licht in der dunklen Höhle und Schutz vor wilden Tieren. Nun *brauchten* sie auch kein rohes Fleisch mehr zu essen, sondern *konnten* es braten. Wie einen kostbaren Schatz *hüteten* die Höhlenkinder von nun an das Feuer, das ihr schweres Leben so glücklich *veränderte.*

nach A. Th. Sonnleitner

① Peter hatte ein wichtiges Erlebnis. Erzähle!

② An den Zeitwörtern erkennst du, daß sich diese Geschichte in der Vergangenheit abspielte.
Schreibe alle Zeitwörter (Verben) heraus und schreibe sie so auf:

Grundform	*Gegenwart*	*Vergangenheit*
durchstreifen	durchstreift	durchstreifte
einschlagen	schlägt ein	schlug ein

Eines Tages *geschieht* das Unfaßbare: Die Höhlenkinder *vergessen,*
Holz nachzulegen, und das Feuer *geht* aus. Obwohl sie sich verzweifelt
bemühen, *gelingt* es ihnen nicht, die Glut neu zu entfachen.
Da *geraten* sie in einen schrecklichen Streit. Sie *denken* an den
furchtbaren Winter und die Bedrohung durch die Bären.
Was *soll* ohne Feuer aus ihnen werden?
Doch nach einiger Zeit *gelingt* es Eva, einen Feuerbohrer zu erfinden,
mit dem sie wieder Feuer entfachen *kann.* Der Streit *ist* vergessen.
Der Feuerbohrer *sichert* den Höhlenkindern für alle Zeit
ein warmes Heim.

nach A. Th. Sonnleitner

① Warum geraten die Höhlenkinder in Streit?

② Beschreibe Evas wichtige Erfindung!

③ Schreibe den Text in der Zeitstufe Vergangenheit auf!
Wenn du unsicher bist, sieh in der Wörterliste ab Seite 117 nach!

qualmen leuchten prasseln knistern rauchen flackern lodern brennen glühen knacken züngeln wärmen glimmen

Ofen Flamme Glut Kerze Holz Lagerfeuer Äste Kohlen

...lu am Feuer sehen, hören oder fühlen?
...benutze dabei Wörter aus den Flammen!

...t einigen Zeitwörtern und Namenwörtern Sätze in der Vergangenheit auf:
ualmte...

...lle Zeitwörter in den Zeitstufen Gegenwart
...ngenheit auf Kärtchen!
...n Spiel dazu!

lodert   brennt

loderte   brannte

Feuertanz

1. Zün - det das Feu-er an! Blast in die Glut! Geht nicht zu nah her-an! Seid auf der Hut! Win-zi-ge Flam-men hocken zu-sam-men, wispern und flüstern, prasseln und knistern, bren-nen gleich schnel-ler, hö-her und hel-ler. Rie-si-ge Flam-men ste-hen zu-sam-men, wie-gen sich, bie-gen sich, lo - dern im Kreis. Und es ist heiß, heiß, heiß, und es ist heiß, heiß, heiß. Und es ist heiß.

Texte: Rolf Krenzer
Musik: Peter Janssens
© Peter Janssens Musik Verlag

2. Hütet das Feuer dann! Hütet es gut!
Daß nichts verbrennen kann! Seid auf der Hut!
Riesige Flammen sinken zusammen, wispern und flüstern,
prasseln und knistern, werden dann leise,
züngeln im Kreise. Winzige Flammen sinken zusammen,
wiegen sich, biegen sich, werden zu Glut.
Hütet sie gut, gut, gut! Hütet sie gut, gut, gut…

Zu diesem Lied könnt ihr einen Feuertanz erfinden.
Stellt dabei die Flammen dar: sie sind erst ganz klein,
sie wiegen sich, werden immer höher,
lodern hoch auf, sinken wieder zusammen…

ied vom Feuer kommen viele Wörter vor, die einen kurz gesprochenen
haben.

se Wörter heraus!
Wörter so, daß man den kurzen Selbstlaut
ört!

m kurzen Selbstlaut folgen:

tz
brutzeln

zwei gleiche Mitlaute
Flammen

verschiedene Mitlaute
flüstern
sinken

ck
hocken

jeder Gruppe möglichst viele Beispielwörter!

en wetten schnell wollen hell knallen
glimmen retten fallen rennen schwimmen

Reimpaare und schreibe sie auf!
n Punkt unter den kurz gesprochenen Selbstlaut: brennen – ...

Gl
atze

Pf
M
ütze

Sch
Pl
S
Sp
atz

Sp
S
H
W
Bl
itze

die Reimwörter? Schreibe sie mit dem Begleiter (Artikel) auf!

itzen, weil sie schützen.
en, Pfützen spritzen.

lbst lustige Sätze
tz-Wörtern!

blitzen	trotzig
platzen	sitzen	kratzig	schmutzig
schwatzen	flitzen	witzig	spritzig

31

Trennregel
aus ck
wird k-k

spuk-
aber:
schreck-
ken
lich

① Schreibe die Reimwörter auf!

② Trenne die ck-Wörter:
strek-ken, ...

der Fleck

die Ecke

das Glück

die Locke

der Schreck

③ Suche zu jedem dieser Namenwörter (Substantive)
ein verwandtes Eigenschaftswort (Adjektiv):
das Glück – glücklich, ...

der Dreck

Ein Streichholz flammt auf. Das Papier fängt Feuer.

Es lodert hell auf. Nun brennt auch das trockene

Holz. Die Flammen werden immer höher und schlagen

zusammen. Es prasselt und zischt. Wir gehen

einen Schritt zurück, um uns vor der Hitze zu

schützen. Wir warten, bis das Feuer etwas niedergebrannt

ist, bis die Glut glimmt und kleinere Flammen zucken.

Dann halten wir unsere Würste an Stecken über das Feuer, um sie zu grillen

④ Schreibe den Text ab!
Kennzeichne dabei alle kurz gesprochenen Selbstlaute mit einem Punkt!

⑤ Übe den Text als Partnerdiktat!

sel

Redewendungen

Feuerwörter

nnt Tag und Nacht
brennt
ht?

Dafür lege ich
die Hand ins Feuer.

Ich gehe für sie
durchs Feuer

icht

auf
glühenden Kohlen
sitzen

Feuer
fangen

Funken

Lieber ein Licht anzünden
als über die Finsternis klagen.

lichterloh brennen

Er war gleich Feuer und Flamme.

mit dem Feuer spielen

diese Wörter und Sätze schon einmal gehört? Erkläre sie!

r einige aus, schreibe sie auf und male etwas dazu!

GEFAHR

FEUERSTELLE

FE

ÜBERRASCHUNG

FREUNDE

e drei Wörter aus und denke dir dazu eine Geschichte aus!
Wörter sollen in deiner Geschichte eine wichtige Rolle spielen.
lege:
e oll deine Geschichte anfangen?
che Personen sollen vorkommen?
● Was denken die Personen, was rufen sie?

● Was ist besonders wichtig? Diesen
Teil solltest du ausführlich erzählen.
● Wie endet die Geschichte?

④ Schreibe deine Geschichte auf!

33

Abenteuer Lesen

Ich liebe meine Bücher,
jedes Buch ist ein Haus.
Die Leute darin
kommen im Winter heraus.
Es kommen zu mir
Bettler, Prinz und Pilot,
Max und Moritz,
Schneewittchen und Rosenrot.

Josef Guggenmos

① Josef Guggenmos erzählt in dem Gedicht, warum er Bücher liebt!

② Sieh dir das Bild genau an!
   Welche Kinderbuchfiguren kommen aus den Büchern zu dir? → Auflösung siehe S. 117

③ Kennst du die genauen Titel der Bücher, in denen diese Figuren vorkommen?
   Notiere: *Astrid Lindgren: Michel...* → Auflösung siehe S. 117

Ich möchte ein ...
Ich mag besonders ...
Ich lese am liebsten ...
Mich interessieren ...
Ich suche ein ...
Weniger interessieren mich ...

dünn
dick
klein
lehrreich
technisch
traurig
witzig
nützlich

phantastisch
geheimnisvoll
abenteuerlich
abwechslungsreich
langweilig
aufregend
unterhaltsam

toll
interessant
gruselig
lustig
spannend
humorvoll

① Schreibe auf, welche Bücher du magst und welche du nicht magst!
Unterstreiche die Eigenschaftswörter (Adjektive) in deinen Sätzen:
Ich möchte ein lustiges Buch ...

② Zu welchen Eigenschaftswörtern kannst du passende Namenwörter
oder Zeitwörter finden?
witzig, der Witz ...

Es gibt Millionen Menschen, die weder lesen noch schreiben können. Die 16jährige
Munli, die in Indien lebt, hat Glück gehabt. Eine ältere Freundin hat ihr vor einem
Jahr das Lesen und Schreiben beigebracht.

„Ich habe das Lesen für mich entdeckt. Es war vorige Woche, als ich
mit meinen Körben durch die Gasse der Buchhändler zog. Zwischen
all den Karren, Läden und Ständen mit den vielen Büchern wurde
ich etwas langsamer und betrachtete neugierig mal hier, mal dort
eines der ausgelegten Bücher. Ich sah ein Buch mit dem Titel
Kinderbanden, griff danach, blätterte darin und
kaufte es.
Von meinem eigenen Geld hatte ich ein Buch
gekauft, mein erstes Buch. Wie einen Schatz
trug ich es dann nach Hause. Es gehörte ja mir!
Es war mein Besitz! Ich konnte lesen."

nach Klaus Kordon

- Titel
- Verfasser (Autor)
- Klappentext
- Buchumschlag
- Leseprobe

- deutlich sprechen
- laut lesen
- Pausen einplanen

③ Als Munli ihr erstes Buch kaufte! Erzähle!

④ Was bedeuten Bücher für Munli?

⑤ Kannst du dich an dein erstes Buch erinnern?
Erzähle!

⑥ Stelle deiner Klasse
dein Lieblingsbuch vor!

Wörter mit V/v
Wortbausteine ver-, vor-
Wortlistentraining

Wuwu, der Bücherwurm, hatte viele, viele Bücher. Trotzdem verlieh er niemals auch nur ein Buch.

Peter und seine vier Freunde machten mehrere Versuche, um in die Wohnung des Bücherwurms zu gelangen. Einmal stiegen sie vorsichtig durch den Schornstein ein. Den Bücherwurm hatten sie unter einem Vorwand weggelockt. Als alle versammelt waren, bemerkten die Freunde, daß sie völlig vergessen hatten, etwas zum Abtransport der Bücher mitzunehmen. „Die große Chance ist verpaßt", sagte Peter verdrossen. Beim nächsten Mal klappt es vielleicht", meinte Anke versöhnlich. Und schnell machten sie sich davon.

Der Bücherwurm hatte nämlich Verdacht geschöpft. Er konnte jedoch nicht verhindern, daß an einem Vormittag eines seiner Bücher verschwand.
Wie es schließlich dazu kam, daß Wuwu, der Bücherwurm, eines seiner vielen Bücher aus dem Regal nahm und vorlas, könnt ihr euch vollends selbst ausdenken…

① Im Text findest du viele Wörter mit *V* und *v*. Schreibe sie auf!

voll
vollenden
vollschreiben
vollkommen
vollständig
vollzählig
Vollmond
Vollmilch
völlig

vier
vierzehn
vierzig
vierfarbig
das Viereck
das Viertel

viel
vielmals
vielleicht
vielfältig
viele
wie viele
Vögel
wieviel
die Vielzahl
der Vielfraß

vor
davor
bevor
zuvor
vorher
vorhin
voraus
vorbei
vorüber
vorwärts
vorn

von
davon
vom

Vor-
vor-

Ver-
ver-

Vater
Vetter
Volk
Vogel
Vieh
Veilchen
Vers

Wenn du diese Wortstämme, Wortbausteine und Wörter gut übst, bist du ein vorzüglicher Vielschreiber.

abschreiben   Diktat   verbessern   verwandte Wörter

② Wortlistentraining!
Übe mit deinem Partner!

Anke führt ein **Lesetagebuch.** Von jedem Buch, das Wuwu vorliest, schreibt sie etwas auf und malt dazu. Manchmal schreibt sie auch den Klappentext oder eine besonders schöne Stelle ab.

Meine Geschichte handelt von einem Kaiser, der seine Kaiserkrone verlor. Das kam so:
Im Mai fegte ein schrecklicher Taifun über Hawai. Der Lakai des Kaisers, ein Waisenjunge, brachte dem Kaiser sein Mittagsmahl: frischen Mais und einen knusprigen Laib Brot. Der Junge wollte gerade sein Saiteninstrument holen, als sich die Maisonne plötzlich verdüsterte.
Die Palmen begannen heftig zu rauschen, die Haie schwammen nervös im aufgewühlten Meer...

① Wie Ankes Geschichte wohl weitergeht? Überlege dir einen Schluß!

② Schreibe den Text ab und unterstreiche alle Wörter mit *ai*!

au waia!

Maiglöckchen · Laib · Main · Saite · Mai · Laichplatz · Hai · Laich · Kaiser · Haiflosse · Hawai · Insel · Mais · Waisenhaus · Anlegeplatz für Schiffe · Kai · Maiskolben · Mainbrücke · Mainz · Stadt

③ Schreibt Wörter mit *ai* auf Kärtchen!
Auf die Rückseite der Kärtchen schreibt ihr die Wortbedeutung.
Erfindet ein Spiel!

Mais Auf einem Acker wachsen Maispflanzen. In den Kolben reifen die Körner. Bis kurz vor der Reife werden sie von Deckblättern umschlossen. – Aus Maiskörnern gewinnt man Mehl. Auch als Viehfutter verwendet man sie. Gut schmecken gekochte Maiskolben.

④ Schlagt die Wörter, die ihr nicht kennt, im Lexikon nach!

ein Thema zu einer Rahmengeschichte wählen
Höhepunkte gestalten
einen Bucheinband gestalten

② Denke dir zu einem dieser Themen eine Geschichte aus!

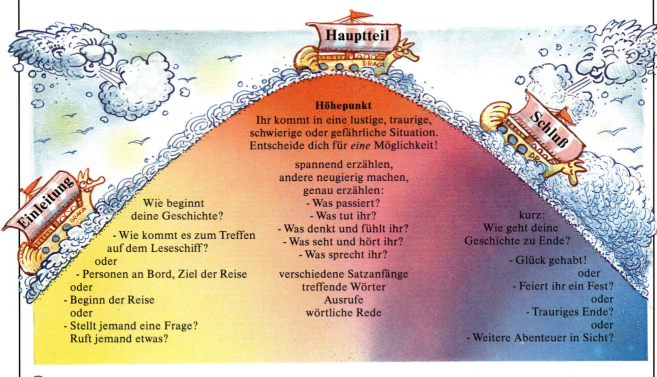

③ Notiere Stichwörter zu deiner Geschichte!
④ Schreibe deine Geschichte auf!
⑤ Heftet eure Geschichten zusammen! Fertig ist euer Geschichtenbuch!
Ein bemalter Bucheinband verschönert es noch.

① Gemütlich ist es hier!

② Wie sind die Bücher in der Schiffsbücherei geordnet?

③ Welche weiteren Sachgebiete findest du in der Bücherei, in einer Buchhandlung und in Katalogen?

④ Draca ist in einen Sturm geraten. Viele Bücher sind aus den Regalen gefallen. Diese Bücher müssen wieder sortiert werden. Schreibe!

Kindergeschichten: Fliegender Stern, …

Sagen und Fabeln: Römische Sagen, …

Geisterstunde

Siehst du im Fenster die vielen Gespenster?

Diese Gespensterburg möchte Ina basteln.

„Wo ist denn der Pappkarton, den ich aus dem Supermarkt mitgebracht habe?" fragt sie ihre Mutter.

„Der Pappkarton steht im Keller auf dem Schrank ", antwortet Mutter.

Weil ihr Radio so laut ist, versteht Ina ihre Mutter nicht gut.
„Wo bitte?" fragt sie nochmals.

„Auf dem Schrank im Keller steht der Pappkarton!" ruft die Mutter etwas lauter.

① Vergleiche die Antworten! Warum hat die Mutter im zweiten Satz anders geantwortet?

Bei einer Umstellprobe stehen die Satzglieder an verschiedenen Stellen.

Die Satzglieder stehen bei einer Umstellprobe an verschiedenen Stellen.

Wer ein Satzglied besonders betonen will, stellt es an den Satzanfang.

Ina geht in den Keller. Sie findet den Pappkarton auf dem Schrank.
Sie trägt den Pappkarton in ihr Zimmer.

② Schreibe die Sätze auf drei Papierstreifen!
Schneide in jedem Satz die Wörter oder Wortgruppe ab,
die du an eine andere Stelle rücken kannst!
Stelle um und schreibe die Sätze in dein Heft: *In den Keller geht Ina.*

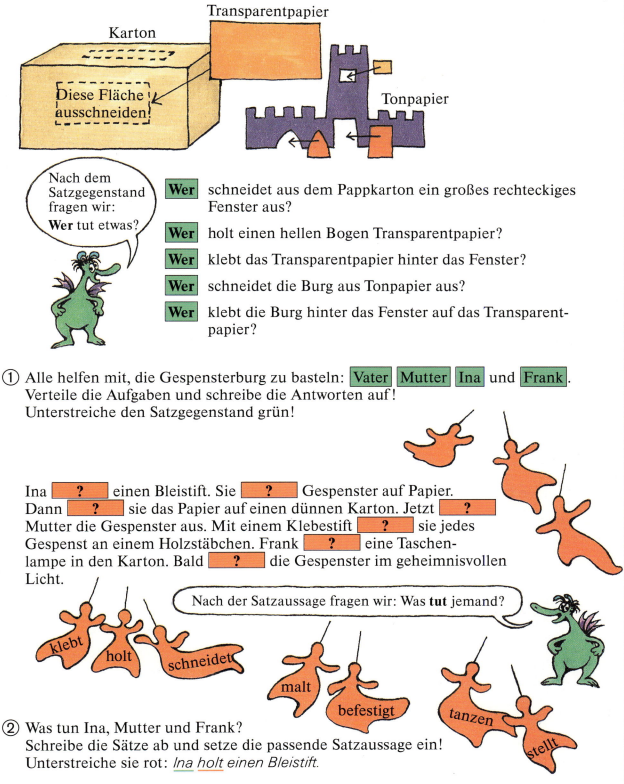

Karton

Transparentpapier

Tonpapier

Diese Fläche ausschneiden!

Nach dem Satzgegenstand fragen wir: **Wer** tut etwas?

Wer schneidet aus dem Pappkarton ein großes rechteckiges Fenster aus?

Wer holt einen hellen Bogen Transparentpapier?

Wer klebt das Transparentpapier hinter das Fenster?

Wer schneidet die Burg aus Tonpapier aus?

Wer klebt die Burg hinter das Fenster auf das Transparentpapier?

① Alle helfen mit, die Gespensterburg zu basteln: Vater Mutter Ina und Frank.
Verteile die Aufgaben und schreibe die Antworten auf!
Unterstreiche den Satzgegenstand grün!

Ina ? einen Bleistift. Sie ? Gespenster auf Papier.
Dann ? sie das Papier auf einen dünnen Karton. Jetzt ?
Mutter die Gespenster aus. Mit einem Klebestift ? sie jedes
Gespenst an einem Holzstäbchen. Frank ? eine Taschen-
lampe in den Karton. Bald ? die Gespenster im geheimnisvollen
Licht.

Nach der Satzaussage fragen wir: Was **tut** jemand?

klebt   holt   schneidet   malt   befestigt   tanzen   stellt

② Was tun Ina, Mutter und Frank?
Schreibe die Sätze ab und setze die passende Satzaussage ein!
Unterstreiche sie rot: *Ina holt einen Bleistift.*

Einige Zeit später übernachtete Inas Bruder Frank tatsächlich mit seiner Klasse auf einer richtigen Burg. Weil alle sehr müde waren, gingen sie früh ins Bett. Vor dem Einschlafen erzählten sie sich noch unheimliche Geschichten. Kurz vor Mitternacht wurde es im Schlafsaal still. Doch, was waren das für Geräusche…?

Glockentöne
ein schauriges Geheul
ein lautes Gepolter
entsetzlicher Lärm
schwere Schritte
grausiges Gelächter
laute Schläge

es pfiff
es rauschte
es krachte   es jammerte
es zischte   es wimmerte
es raschelte   es heulte

① Erzähle, wie es immer unheimlicher wurde!

Pappröhre
Sand

Gummiringe
↓ (Gummiharfe)
Schuhkarton oder Dose

Flasche

Dose mit
Trockenerbsen

② Mit diesen Instrumenten kannst du unheimliche Geräusche erzeugen.

☆3 Erfinde selbst Instrumente, mit denen du Geräusche erzeugen kannst!

atemlos   still
blaß
kreidebleich
fröhlich
ängstlich
leise   schrecklich
spät

Frank träumte.
Er zitterte am ganzen Körper.
Er schlief in seinem Bett.
Er fürchtete sich.
Die Haare standen ihm zu Berge.
Die Uhr schlug zwölf.
Sein Herz klopfte.
Er hatte Schweißperlen auf der Stirn.

④ Welche Eigenschaftswörter (Adjektive) oder Sätze drücken deutlich aus, daß sich Frank fürchtet?

Einleitung

Die Klasse 4 machte einen mehrtägigen Ausflug.
Sie übernachtete auf der Burg Drachenstein.
Ein älterer Herr öffnete das Burgtor und begrüßte sie:
„Herzlich willkommen. Fühlt euch wie zu Hause.
Aber paßt auf! Auf dieser Burg geschehen seltsame Dinge…"

Ina bekam mit ihren Freundinnen Julia, Anna und Sarah
ein Turmzimmer.
Frank, Daniel und Jan schliefen im Rittersaal.
Sie waren sehr müde. Bald schliefen sie ein.

- Was hörten sie auf einmal?
- Warum wachten sie plötzlich auf?
- Wodurch wurden sie erschreckt?
- Wie verhielten sie sich?
- Woher kamen die Geräusche?
- Was entdeckten sie schließlich?

Hauptteil
mit
Höhepunkt

Schreibe so, daß die
Geschichte immer
spannender wird!

Schluß

① Denke dir einen Schluß aus und
schreibe nun deine Gespenstergeschichte auf!

② Suche selbst eine passende Überschrift!

43

Der Ta🦋 ging zu Ende. Jedes Kin🦋 war müde.
Der Win🦋 heulte wild um die Bur🦋. Der Hun🦋 bellte.
Alle saßen beim Aben🦋essen. Der Mon🦋 schien durch das
Fenster. Die alte Uhr an der Wan🦋 tickte laut.
Am Aben🦋 wurde das Gespenst wach. Da es aber erst um
Mitternacht spuken durfte, schwebte es unsichtbar in den
Speisesaal.
Vor dem Bil🦋 des Ritters schlug es einen Purzelbaum.
Wie ein Die🦋 flog es rund um den Tisch . . .

Bei Namenwörtern (Substantiven): Bilde die **Mehrzahl!**

Der Ta⬚? → die Ta⬚g⬚e, . . .

① Schreibe die Wörter mit 🦋 aus dem Text heraus und
benütze die Rechtschreibhilfe: *das Kin⬚? – die Kin⬚d⬚er, . . .*

② Schreibe nun den ganzen Text ab!

☆③ Was könnte das kleine Gespenst noch anstellen? Schreibe einige Sätze auf!

Mon-	und . . .	Nacht	Win-	und . . .	Leid
Ta-	und . . .	Leute	Ber-	und . . .	Fuß
Lan-	und . . .	Hose	Han-	und . . .	Tal
Hem-	und . . .	Sterne	Freu-	und . . .	Wetter

④ Stelle die Paare richtig zusammen!

Zü Kin Rä
Ber Bur Hän
Schlä Freun Bil Pfer
Län Zwer
Wäl Kör

ge de
der gen
be

⑤ Setze die Silben wieder zu Wörtern zusammen!
Schreibe die Wörter in der Mehrzahl und in der Einzahl auf:
die Züge – der Zug, . . .

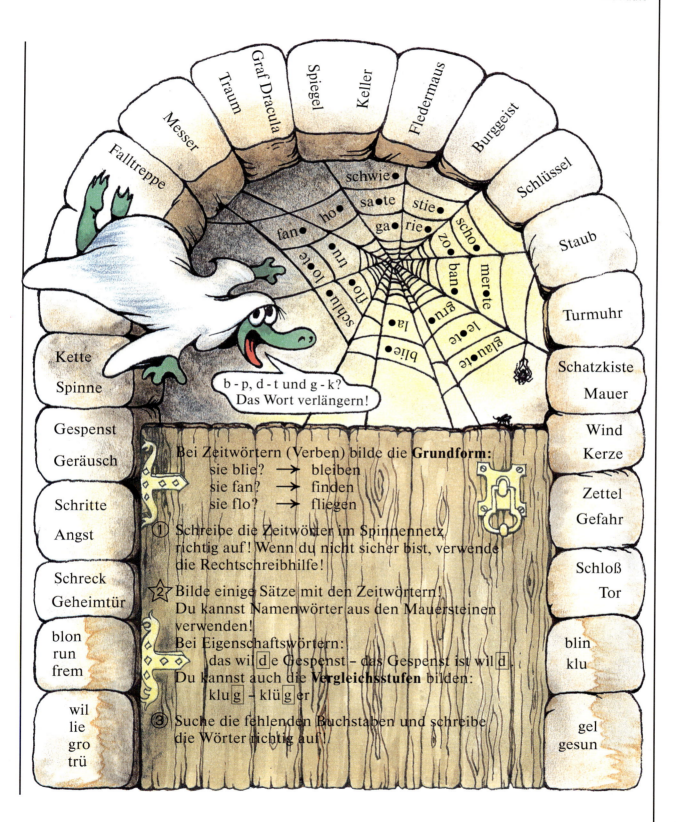

Falltreppe · Messer · Traum · Graf Dracula · Spiegel · Keller · Fledermaus · Burggeist · Schlüssel · Staub · Turmuhr · Schatzkiste · Mauer · Wind · Kerze · Zettel · Gefahr · Schloß · Tor

Kette · Spinne · Gespenst · Geräusch · Schritte · Angst · Schreck · Geheimtür

blon · run · frem

wil · lie · gro · trü

blin · klu

gel · gesun

schwie• · sa•te · ho• · fan• · stie• · ga• · rie• · scho• · zo• · ban• · mer•te · schlu · lo•te · tru• · flo• · gru• · lie•te · la• · glau•te · blie•

b - p, d - t und g - k?
Das Wort verlängern!

Bei Zeitwörtern (Verben) bilde die **Grundform**:

sie blie? → bleiben
sie fan? → finden
sie flo? → fliegen

① Schreibe die Zeitwörter im Spinnennetz richtig auf! Wenn du nicht sicher bist, verwende die Rechtschreibhilfe!

⭐ Bilde einige Sätze mit den Zeitwörtern! Du kannst Namenwörter aus den Mauersteinen verwenden!
Bei Eigenschaftswörtern:
das wil[d]e Gespenst – das Gespenst ist wil[d].
Du kannst auch die **Vergleichsstufen** bilden:
klu[g] – klü[g]er

③ Suche die fehlenden Buchstaben und schreibe die Wörter richtig auf!

Kleine und große Erfinder

Afrikanische Kinder mögen genauso gerne Spielzeug wie ihr. Teures Spielzeug haben sie nicht. Sie machen ihr Spielzeug selbst. Sie sind Spielzeug-Erfinder.

nach Dagmar Binder

Vom alten Plastikschuh zum Auto: so wird aus Müll ein tolles Spielzeug. Omari hat auch schon mal ein kleines Propellerflugzeug gebastelt. Sogar einen Piloten hat er hineingesetzt: dazu hat er ein Stück Gummi von einem Schuh genommen. Man muß nur darauf kommen. Ja, Omari ist ein Künstler.

Bahari träumt davon, ein großer Popstar zu werden. Die Pappgitarre hat er zusammen mit Komu hergestellt. Alte Kochtöpfe und Konservendosen sind prima Trommeln. Auch aus trockenen Kernen und Kokosnüssen bauen sie klangvolle Instrumente.

① Was die Kinder alles erfunden haben! Erzähle!

② In den Texten findest du viele Wörter mit *P, p, T, t* und *K, k.* Ordne sie nach Namenwörtern (Substantiven), Zeitwörtern (Verben) und Eigenschaftswörtern (Adjektiven)!

☆③ Du bist jetzt der Erfinder!
Besorge dir diese oder andere Materialien und versuche selbst, Spielzeug zu erfinden! Wie wäre es mit einem Roboter, einem Fahrzeug, das schwimmen und fliegen kann, oder was hältst du von einem Gespensterschiff?

Wörter mit P/p, T/t, K/k im Anlaut
deutliche Artikulation
im Wörterbuch nachschlagen

Sammeln und besorgen! **wichtig** !!!

Kronenkorken
Tintenpatronen
Taucherbrille
Packpapier
Klopapierrollen
Kirschkerne
Klingelknöpfe
Teetassen

① So sieht es in Trude Tüftelhubers Erfinderwerkstatt aus! Erzähle!

② Welche Dinge mit *P, T* oder *K* im Anlaut kannst du mit deinem Partner entdecken?
Schlagt die Wörter im Wörterbuch nach und schreibt möglichst viele auf!

③ Lies Trude Tüftelhubers Sammel- und Einkaufszettel! Schreibe ihn ab!

④ Auf zu Trude Tüftelhuber!
Schreibe eine Geschichte zum Thema *Ein Tag bei Trude Tüftelhuber*!

Meine Tante, Trude Tüftelhuber,
saß in ihrem Tüftelzuber;
was sie erfand,
pausenlos verschwand:
piekfeine, plappernde
Porzellanpapageien,
kaputte Kaffeekannen, die schreien;
praktische, pelzige Plastikpantoffeln,
sogar pechschwarze Pellkartoffeln;
klappernde Schnellkochtöpfe,
knirschende Hemdkragenknöpfe;
weg waren plötzlich pinkfarbene
Perlenketten,
Trude tüftelt trotzdem weiter – wollen wir wetten?

⑤ Was Trude Tüftelhuber alles schon erfunden hat! Was könnte sie sonst noch erfinden?

⑥ Lies das Tüftelgedicht und sprich die Wörter mit *P, p, T, t, K, k* besonders deutlich!

⑦ Schreibe das Gedicht auf und fahre alle *P, p, T, t, K, k* farbig nach!

① Alles durcheinander!
   Wenn du die Bilder richtig ordnest, ergibt sich ein Lösungswort. → Auflösung siehe S. 117

② Was haben Ellen und Simon erfunden?
   Erzählt und spielt, wie es zu der Erfindung kam!

③ Zwischen welchen Bildern mußt du dir noch etwas ausdenken?
   Erzähle!

④ Wie die Geschichte wohl weitergeht?
   Male den Schluß deiner Geschichte!

⑤ Möchtest du nicht auch eine Maschine erfinden? Eine Aufräummaschine? Eine Such-
   maschine? Eine Ausredenmaschine oder…? Erzähle, wie sich alles verändern würde…
   Zeichne eine Skizze!

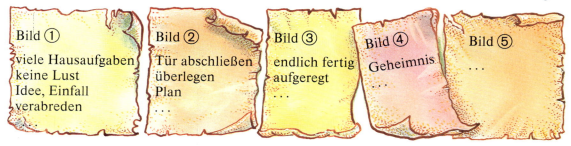

Bild ①

viele Hausaufgaben
keine Lust
Idee, Einfall
verabreden

Bild ②

Tür abschließen
überlegen
Plan
...

Bild ③

endlich fertig
aufgeregt
...

Bild ④

Geheimnis
...

Bild ⑤

...

① Suche zu allen Bildern Stichwörter und schreibe sie auf!

② Gib dem Roboter einen Namen!

③ Schreibe nun die vollständige Geschichte auf und finde eine passende Überschrift!

Fortsetzung folgt

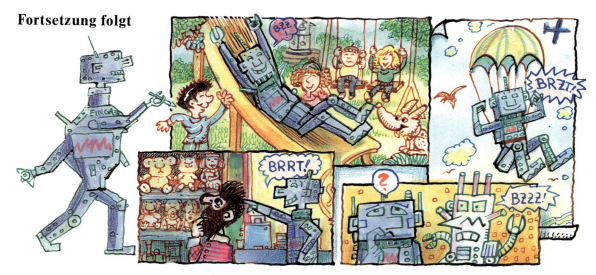

④ Schaut die Bilder an und erzählt!

1. „Schalte ab!" rief Ellen eines Tages ganz aufgeregt und starrte den Roboter ungläubig an.

2. „Du übertreibst mal wieder maßlos, du Angeber", empörte sich Felix und hatte für Simon nur einen verächtlichen Blick.

3. Ellen und Simon blickten sich ratlos an. „Wo ist unser Roboter?" fragten sie fast gleichzeitig.

⑤ Suche dir ein Bild oder einen Text aus und erfinde eine Fortsetzungsgeschichte!

⑥ Heftet eure Geschichten zusammen, dann habt ihr ein Roboter-Geschichtenbuch! Gestaltet ein Titelblatt!

Das aktuelle Interview

Thomas Alva Edison
1847-1931

Frage: Neulich habe ich gehört, daß du alles über Erfinder weißt. Wer ist denn der größte Erfinder gewesen?

Roboter: Natürlich Thomas Alva Edison. Ihm sind hervorragende Erfindungen gelungen: die elektrische Glühbirne, das Sprachrohr (Megaphon), das Filmvorführgerät und noch viele andere.

Frage: Wann hat Edison mit seinen Erfindungen begonnen?

Roboter: Schon als Kind haben Edison Experimente gefesselt.

Frage: Was haben seine Lehrer dazu gesagt?

Roboter: Er ist nur kurz in die Schule gegangen. Seine Mutter hat ihn unterrichtet.

Frage: Wie viele Erfindungen hat Edison gemacht?

Roboter: Fast 3000 Patente sind auf seinen Namen eingetragen.

① Edison ist einer der größten Erfinder. Erzähle!

② Schreibe den Text ab!
Kennzeichne die zusammengehörenden
Zeitwörter (Verben) rot!

Es gibt zwei **Vergangenheitsformen**:

Ich bin unter die Erfinder gegangen.　Ich ging unter die Erfinder.

Ich habe eine Eismaschine erfunden.　Ich erfand eine Eismaschine.

Frage: Ich habe gelesen, daß Edison ein Elektrizitätswerk gebaut hat.

Roboter: 1884 hat Edison das erste Elektrizitätswerk 💡 .
250 Arbeiter 💡 durch die Straßen von New York 💡 .
Jeder Mann 💡 auf dem Helm eine Glühbirne 💡 .
Ein Dampfgenerator 💡 den Strom dazu 💡 .

| gegründet |
| gezogen |
| getragen |
| geliefert |

| hat |
| sind |
| hat |

③ Schreibe den Text ab und setze die fehlenden Wörter ein!

So stehen die Informationen über Edison in einem Buch:
1884 *gründete* Edison das erste Elektrizitätswerk. 250 Arbeiter...

| zogen |
| trugen |
| lieferte |

④ Schreibe nun den Text so auf, wie er in diesem Buch steht!

Hast du das gewußt?

1851 wurde die Trommel-waschmaschine gebaut.

1880: In London stellte man dieses Modell her. Allerdings führte man schon 17 Jahre zuvor die ersten Rollschuhe vor.

1881: Kaugummi geht auf ein altes Rezept der Maya-Indianer zurück.

1901: Das Fingerabdruckverfahren wurde bei der Polizei eingeführt.

1993: Der Drache erfand eine Satzmaschine.

1936: In England weihte man ein Fernsehprogramm ein.

Ich **erfinde** eine Satzmaschine.		einteilige Satzaussage
Ich **erfand** eine Satzmaschine.		einteilige Satzaussage
Ich **habe** eine Satzmaschine	**erfunden.**	zweiteilige Satzaussage
Ich **führe** eine Satzmaschine	**vor.**	zweiteilige Satzaussage

Es gibt einteilige und zweiteilige Satzaussagen.

① In den Lexikontexten findest du zweiteilige Satzaussagen.
Schreibe die Sätze ab und kennzeichne die Satzaussagen rot!

Wer?
ich
Papa
er
sie
Oma

vor	führen
ab	holen
aus	suchen
auf	stellen
zu	decken
ein	spielen

- Gegenwart
- Vergangenheit
- Vergangenheit

wen oder was?
den Ball
den Trick
das Kind
das Spiel
den Sieben-schläfern
die Mann-schaft

Er stellt die Maschine auf.
Er stellte ... auf.
Er hat ... aufgestellt.

② Du setzt die Satzmaschine in Gang. Bilde möglichst viele Sätze!

Treffpunkt Weltraum

Der erste Spaziergang auf dem Mond

Am 16. Juli 1969 hob die 110 Meter hohe Saturnrakete von der Erde ab in Richtung Mond. An Bord befanden sich die drei Astronauten Neil Armstrong, Edwin Aldrin und Michael Collins. Drei Tage nach dem Start erreichte Apollo 11 den Mond und schwenkte auf eine Umlaufbahn ein. Nach 12 Umläufen wurde die Mondfähre abgetrennt. Armstrong und Aldrin begannen den Abstieg zum Mond. Während Collins auf der Umlaufbahn blieb, landete die Mondfähre am 21. Juli im „Meer der Ruhe".

Armstrong kletterte die Leiter hinab und betrat als erster Mensch den Mond. Über zwei Stunden blieben die beiden Astronauten auf der Mondoberfläche. Sie stellten Meßgeräte auf und sammelten Gesteinsproben und Mondstaub. Mit dem oberen Teil der Landefähre kehrten sie zu der Kommandokapsel zurück.
Dann begann der Rückflug zur Erde.

① Was erfahrt ihr über die erste Mondlandung?

② Wo genau landete die Mondfähre?
   Wie hieß der erste Mensch, der den Mond betrat?
   Wie fühlten sich die Astronauten vermutlich?

☆ Besorge dir in der Bücherei Sachbücher zu diesem Thema!

In der Zukunft... 2000 2100 2200 2300 2400 2500

Im Weltraum wird die erste Siedlung entstehen. Sie wird um die Erde kreisen. Mit der Zeit werden die Menschen Siedlungen auf der Oberfläche anderer Planeten bauen. Die erste Siedlung werden sie wohl auf dem Mond einrichten. Die Menschen werden dort Farmen bauen und Getreide anpflanzen. Sie werden auch in Forschungs-einrichtungen und Werkstätten arbeiten.

① Wo werden vielleicht in Zukunft die ersten Siedlungen im Weltraum entstehen? Was werden die Menschen dort unternehmen?

② Lies die hervorgehobenen Wörter! Was fällt dir auf?

Ich werde auch zum Mars fliegen.

Zeitwörter (Verben) können auch bezeichnen, was in **Zukunft** geschieht.

wird ... entstehen   werden ... bauen

Der erste bewohnte Planet 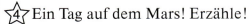 wahrscheinlich der Mars sein. Zuerst 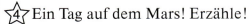 Astronauten den Planeten besuchen. Ihnen 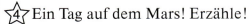 dann die ersten Marsbewohner folgen. Sie 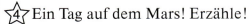 Siedlungen und Städte aufbauen. Der Mensch 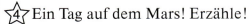 dort ein anderes Leben führen als auf der Erde.

③ Schreibe den Text ab! Setze die passenden Helfer werden und wird ein! Unterstreiche die Zukunftsform!

④ Ein Tag auf dem Mars! Erzähle!

„Hättet ihr Lust, einmal auf einen Planeten zu fliegen?" fragte die Lehrerin …

Dieser Stern war uns völlig unbekannt. Ängstlich stiegen wir aus unserem Raumschiff.

Ich saß vor dem Fernseher. Es kam ein spannender Film über das Raumschiff Omega. Plötzlich hörte ich eine seltsame Stimme. „Ich bin ein Uik", sagte ein kleines Wesen. „Willst du mit mir kommen?"

So etwas hatte ich noch nicht gesehen! In diesem Super-Raumschiff gab es alles, wovon man sonst nur träumen konnte: ein riesiges Schwimmbad, Roboter für …

Auf den Kontrollschirmen sahen wir einen neuen Planeten auftauchen. Er wurde immer größer. Wir rasten mit großer Geschwindigkeit auf ihn zu. Wir konnten er-kennen. Sonderbare und große grüne tauchten auf. Wir verringerten unsere Geschwindigkeit. Plötzlich leuchteten überall rote Lampen auf …

Endlich landete das Raumschiff wieder auf der Erde. Automatisch öffneten sich die Drehtüren, und wir kletterten rasch die Leiter hinab. Erleichtert atmeten wir auf. Das war eine abenteuerliche Reise!

Funkspruch an Klasse 4 in … Ausschnitte aus Geschichten. Stop. Lesen! Stop. Unvollständig. Stop.

① Steigt ein in die Erzähl-Rakete!
Ein Kind beginnt. Es schließt die Augen und zeigt mit seinem Finger auf eines der Raumschiffe. Ein Raumfahrer erzählt zu dem Text in der Rakete eine passende Geschichte.

Wer fliegt mit?   Wie lange bleibt ihr?   Wohin geht die Reise?

Wie gelingt die Rückkehr?   Wie werdet ihr gerettet?

Wen trefft ihr?   Was geschieht?   Wann geht es los?

Wie fühlst du dich?   Was entdeckt ihr?   Wo landet ihr?

Wie endet die Geschichte?   Wird es gefährlich?

Einleitung   Hauptteil   Schluß

① Der Drache drückt auf die Taste **Einleitung**!
Auf dem Bildschirm leuchtet die entsprechende Frage auf.
Welche Fragen passen noch dazu?

② Welche Fragen passen zum **Hauptteil** und zum **Schluß**?

Weltraum	steigen	schwach	Kapsel	unbekannt	bewegen
vorsichtig	Computer	Sonne	leuchten	Raumstation	Geräusch
Weltall	neugierig	Raumschiff	fliegen	Mars	Angst
verschwinden	Ufo	brennen	Planet	Kontrollschirm	strahlen
Stern	dunkel	Zentrale	Mond	langsam	Astronaut
Roboter	Anzug	erscheinen	Flug	Signal	passieren
Funke	schweben	fremdartig	rasen		

Namenwörter aufschreiben **Zeitwörter aufschreiben** **Eigenschafts- wörter auf- schreiben** **Nach dem ABC ordnen** **Im Lexikon nachschlagen**

③ Wähle selbst 3 Aufgabentasten zum Üben aus!

④ Schreibe nun eine spannende Weltraumgeschichte!
Suche dazu eine passende Überschrift!

Bobo — B/b

	Boden	
	bauen	
Ballon	begrüßen	Beispiel
blau	Besuch	Berg
geheim		Blatt
blind		blühen
Dose		brennen
Durst		Brücke
Bitte	Geld	bohren
Blitz	brav	drehen
groß	Bahnhof	Gerät
decken		bleiben
deutlich		
blasen		

Dodo — D/d

	dicht	
	graben	
Drache	beide	damit
Draht	daneben	daher
Brille		danach
Dank		Dieb
dann		Diktat
gerade		bitter
Gruppe	daran	duschen
dauern	bunt	böse
draußen	begegnen	drücken
	davon	
	greifen	

Gogo — G/g

	Geheimnis	
	glatt	
gefährlich	Glas	Gas
Gasse	ganz	Gemüse
Boden		dunkel
Bahn		bleich
Gold		Doktor
Dunkelheit		Geschichte
Galaxis		glauben
Glocke	Gäste	glücklich
Grad	drängen	braun
Gruß	Grenze	gehen
	glänzen	
	Gebäude	

① Falsch programmiert!
Die Roboter sollen nach (B, b) (D, d) (G, g) speichern. Mach du es richtig!

| be- | ent- | weg- | er- | ver- | vor- |

② Wähle Zeitwörter (Verben) aus den Robotern!
Bilde mit den *Wortbausteinen* neue Wörter: *bebauen, begrüßen* ...

Bobo hat ●eburtstag. Er ●ringt seinen ●ästen ein neues Spiel bei:
Alarm auf dem Raum●ahnhof. ●roße ●efahr! Ufos wollen in der
●unkelheit landen. Die Ufos sind ●unte Luft●allons, die Bobo
auf●läst. ●ann läßt er sie plötzlich los. Wie ein ●litz zischen sie durch
das Zimmer. Sie ●ürfen auf keinen Fall auf dem ●ahnhof landen. ●arum
versuchen alle ●ewohner der ●alaxis, sie im Flug zu fangen. Wenn dennoch
●rei Ufos auf dem ●oden landen, hat Bobo gewonnen.

③ Sprich die Wörter mit den kleinen Ballons besonders deutlich!
Wie wird der fehlende Laut gesprochen?

④ Schreibe den Text auf! Ergänze die fehlenden Buchstaben!

Wörter mit B/b, D/d, G/g
nachgestellte Wortbausteine
-sam, -los, -bar, -isch
Bingo

An einem regnerischen Tag spielten wir draußen vor der Stadt. Auf einmal hörten wir ein seltsames Pfeifen. Wir blickten uns um und waren sprachlos: Ein sonderbares Flugobjekt wurde sichtbar und schwebte langsam zu Boden. Wir standen bewegungslos hinter den Bäumen. Lautlos setzte das fremde Raumschiff auf. An der Seite öffneten sich unsichtbar und geräuschlos die Wände. Wir hörten metallische Schritte. Fremde Wesen stiegen aus und winkten. Mißtrauisch gingen wir auf sie zu ...

① Schreibe den Text ab und
   unterstreiche die Wörter mit den Wortbausteinen !

Die fremden Wesen
fingen plötzlich
an zu sprechen:

nähern   – nähern   – **keine Gefahr**   gefahrlos?
kommen – kommen – **ohne Furcht**   furcht...
freuen   – freuen   – **kein Ende**   end...

② Was wollten die
   fremden Wesen
   mitteilen?

Schlaf Ruhe Wolke	essen Dank Sicht	Himmel	biegen
Ziel Spur Salz	Furcht Frucht lesen	Regen	sparen
Zeit Herz Mut	trinken fühlen	erfinden	arbeiten
		träumen	

-los   **-bar**   **-isch**   **-sam**

schlaflos   *eßbar*   *himmlisch*   *biegsam*

③ Bilde Eigenschaftswörter (Adjektive) mit Hilfe der Wortbausteine! Schlage im Wörterbuch nach! Erkläre einige Wörter!

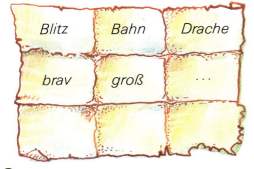

Blitz	*Bahn*	*Drache*
brav	*groß*	*...*

Kennst du Bingo?

• Du benötigst ein Blatt mit 9 Feldern.
• Wähle 9 Wörter in den Robotern aus
  und schreibe sie jeweils in ein Spielfeld!
• Ein Mitspieler ruft nun Wörter mit *B, b, D, d, G, g*
  in beliebiger Reihenfolge auf.
• Wenn ein Wort in deinen Feldern aufgerufen
  wird, kannst du es durchstreichen.
• Wer zuerst alle 9 Wörter durchgestrichen hat,
  ruft *Bingo* und ist Sieger.

④ Spielt miteinander Bingo!

Bananengeschichten

Der Weg der Banane
nach Europa

Woher kommt
die Banane?

Zaubertricks

Kochen mit Bananen

Werbesprüche

Bananenlieder
Bananenrezepte

Plakate

Die Klasse 4 b hat sich das Thema ausgesucht.

① Welche Ideen haben die Kinder dazu bereits gesammelt?

② Was fällt euch zu dem Thema noch ein?
Sammelt in Büchern und Zeitschriften alles, was ihr über die Banane finden könnt!

Bald ist große Pause. Zur Stärkung bereitet eine Gruppe ein leckeres Pausenbrot vor:

1. Schneide zwei Scheiben Vollkornbrot mit dem Quark!

2. Bestreiche die Banane in Scheiben!

3. Lege die Bananenscheiben mit dem Zitronensaft, damit sie nicht braun werden!

4. Beträufele die Scheibe Kochschinken (oder Käse) und die Bananenscheiben auf das belegte Brot!

5. Lege die zweite Scheibe Brot nun als Deckel auf das Pausenbrot!

③ In vier Sätzen des Rezepts ist die Satzaussage vertauscht.
Schreibe das Rezept richtig auf!

④ Hast du selbst eine Idee für ein Super-Bananen-Pausenbrot?

Anja und Jörg möchten Bananen-Pfannkuchen backen.

① Welche Zutaten brauchen sie? Suche die Zutaten aus!

Mehl, Salz, Eier
und Milch in die
Schüssel geben

mit dem Rührgerät
oder Schneebesen
vermischen

Banane in
Scheiben
schneiden

Fett in der
Pfanne erhitzen

Teig in die
Pfanne gießen

Bananenscheiben
hineinlegen

② Schreibe das Rezept vollständig auf! Du hast verschiedene Möglichkeiten.
Entscheide dich für eine Form!

So Mehl, Eier und Milch in
eine Schüssel schütten.
Einen Teelöffel Salz
nicht vergessen!

oder so Schütte das Mehl, die
Eier und ...
Vergiß den Teelöffel
Salz ...

③ Sucht nach Rezepten mit Bananen, die ihr selbst zubereiten könnt!
Sammelt die Rezepte!

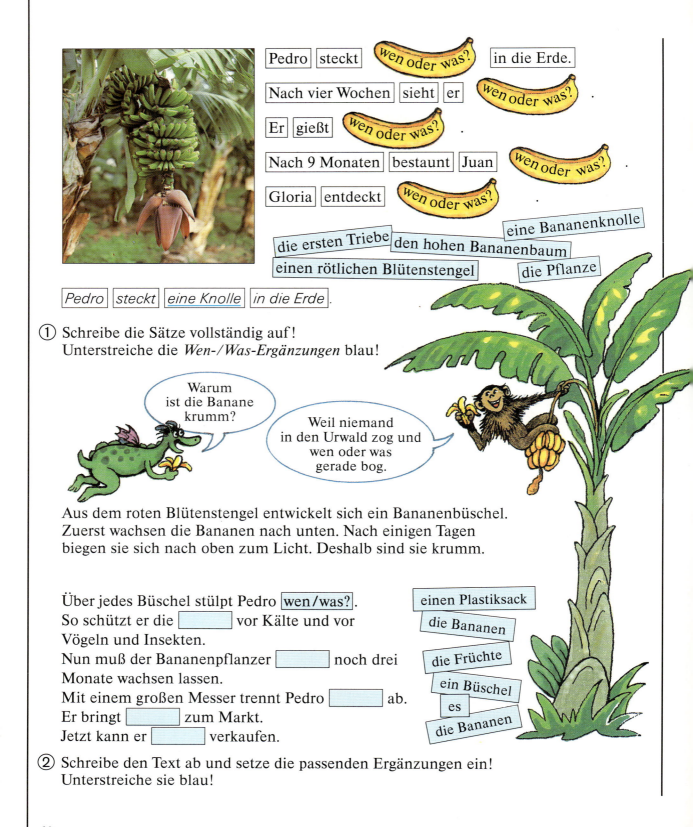

Pedro | steckt | wen oder was? | in die Erde.

Nach vier Wochen | sieht | er | wen oder was? | .

Er | gießt | wen oder was? | .

Nach 9 Monaten | bestaunt | Juan | wen oder was? | .

Gloria | entdeckt | wen oder was? | .

die ersten Triebe | den hohen Bananenbaum | eine Bananenknolle

einen rötlichen Blütenstengel | die Pflanze

Pedro | steckt | *eine Knolle* | in die Erde.

① Schreibe die Sätze vollständig auf!
Unterstreiche die *Wen-/Was-Ergänzungen* blau!

Warum ist die Banane krumm?

Weil niemand in den Urwald zog und wen oder was gerade bog.

Aus dem roten Blütenstengel entwickelt sich ein Bananenbüschel.
Zuerst wachsen die Bananen nach unten. Nach einigen Tagen
biegen sie sich nach oben zum Licht. Deshalb sind sie krumm.

Über jedes Büschel stülpt Pedro wen/was? .
So schützt er die _____ vor Kälte und vor
Vögeln und Insekten.
Nun muß der Bananenpflanzer _____ noch drei
Monate wachsen lassen.
Mit einem großen Messer trennt Pedro _____ ab.
Er bringt _____ zum Markt.
Jetzt kann er _____ verkaufen.

einen Plastiksack
die Bananen
die Früchte
ein Büschel
es
die Bananen

② Schreibe den Text ab und setze die passenden Ergänzungen ein!
Unterstreiche sie blau!

Bananen-Trick

Bewege die Nadel in der Banane hin und her! Ziehe sie dabei langsam wieder heraus! Teile so die ganze Banane!

Einstichloch

Abra bananika! Abra bananika! Gleich zerfällst in Stücke, du!

Während der Siesta (Mittagspause) zeigt Pedro wem? einen Zaubertrick.
Juanita bringt [   ] eine Banane.
Pedro sticht mit [   ] in die Banane.
Er setzt [   ] einen Zauberhut auf.
Juan sagt [   ] einen Zauberspruch vor.

den Kindern
Pedro
einer Nadel
der Banane
dem Zauberer

① Lies die Sätze und setze die *Wem-Ergänzung* ein!

② Schreibe die Sätze vollständig auf und unterstreiche die *Wem-Ergänzung* blau!

Pedro führt den Kindern den Zaubertrick vor.
Er schneidet mit wem? leicht über wen/was?.
Er beschädigt wen/was? aber nicht.
Er bewegt wen/was? nur über wen/was?.
Jetzt gibt Pedro wem? wen/was?.
Vorsichtig schält Antonio wen/was?.
Alle staunen.

dem Messer   die Schale
sie
das Messer   den Löchern
Antonio   die Banane
die verzauberte Banane

Die Kinder bekommen ein Stück von der Zauberfrucht.

③ Schreibe die Sätze ab und setze die passenden *Wen-/Was-* und *Wem-Ergänzungen* ein! Unterstreiche sie!

So viele Satzglieder! Auch Wem- und Wen-/Was-Ergänzungen sind Satzglieder!

Lisa, Daniel, Julia und Alexander wollen in ihrer Gruppe
einen tollen Fruchtsalat zubereiten. Sie brauchen dazu:
2 Orangen, 2 Bananen, 2 Äpfel, Saft einer ½ Zitrone,
1 Eßlöffel Zucker, Honig und Nüsse.

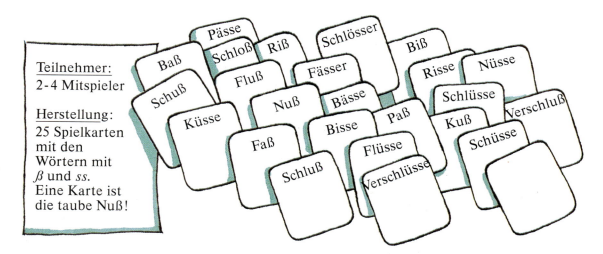

Walnüsse

Paranüsse

Haselnüsse

Kokosnüsse

Erdnüsse

① Welche Nüsse sind für den Obstsalat
geeignet?

Kinder essen gerne Nüsse.
Welche Nuß ißt du am liebsten?
Ich esse am liebsten ...

② Schreibe den Text ab und vervollständige den dritten Satz!
Fahre *ß* und *ss* farbig nach!

Teilnehmer:
2-4 Mitspieler

Herstellung:
25 Spielkarten
mit den
Wörtern mit
ß und *ss*.
Eine Karte ist
die taube Nuß!

Pässe Schloß Riß Schlösser Biß
Baß Fässer Risse Nüsse
Schuß Fluß Nuß Bässe Schlüsse
Küsse Bisse Paß Kuß Verschluß
Faß Flüsse Schüsse
Schluß Verschlüsse

③ Spielt das Spiel nach den Schwarzer-Peter-Regeln oder erfindet selbst Regeln
und erprobt sie!

④ Schreibe die Namenwörter (Substantive) in der Einzahl und
Mehrzahl auf! Hebe *ß* und *ss* farbig hervor:
das Schlo|ß| *– die Schlö*|ss|*er, ...*

Paß auf!
Am Wortende
steht nie ss!

⑤ Findest du die Reimwörter? Nuß – Kuß – ...

So wird's gemacht:

1. Wir müssen zunächst die Äpfel und Birnen waschen und schälen.

2. Wir schneiden die Früchte in Stücke und entfernen die Kerne.

3. Wir passen auf, daß wir uns mit dem Messer nicht schneiden.

4. Wir schälen die Bananen und schneiden sie in dünne Scheiben.

5. Auch die Orangen schälen wir und schneiden sie in kleine Stücke.

6. Wir vermischen die Früchte in der Schüssel.

7. Wir messen einen Eßlöffel Zucker ab und zuckern die Früchte.

8. Wir vergessen nicht, den Zitronensaft über die Früchte zu gießen.

9. Wir lassen den Obstsalat eine Stunde im Kühlschrank ziehen.

Mmhh!

Ein süßes Rezept:
ss wird zu ß
am Wortende und vor t

Wir passen auf... – Paß auf!
Wir messen... – du mißt...

① Schreibe alle Zeitwörter (Verben) mit *ss* heraus und schreibe sie so auf:
   wir müssen – ihr müßt – du mußt, ...

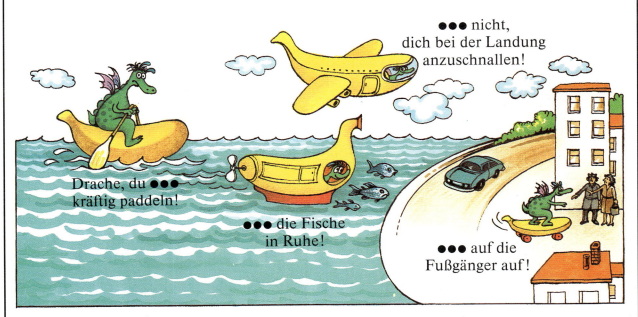

●●● nicht, dich bei der Landung anzuschnallen!

Drache, du ●●● kräftig paddeln!

●●● die Fische in Ruhe!

●●● auf die Fußgänger auf!

② Schreibe die Ausrufesätze mit den passenden Wörtern mit *ß* richtig auf!

☆ Erfinde und male selbst lustige Bananen-Geschichten!

Wie die alten Römer...

① Jetzt haben wir aber schon viele Nüsse.

② Mensch, der ist ja echt!

③ Ich heiße Marcus. Ich bin Römer.

④ Was sind denn das für Zahlen?

„Meine Freunde und ich ... früher oft mit Nüssen. Am liebsten ... wir Nüsse-türmchen. Wir ... der Reihe nach auf die Türmchen. Wer ..., durfte die Nüsse behalten", erklärt Marcus.

Mit einem Stöckchen zeichnet Marcus ein Dreieck auf. „Beim Delta-Spiel ... wir die Zahlen von 1 bis 10 auf. Wir ... in die Felder.
Wer die höchste Punktzahl ..., ..."

werfen bauen treffen spielen

schreiben erreichen gewinnen zielen

① Maria und Simon machen die Bekanntschaft von Marcus. Erzähle!
② Nußspiele waren bei den römischen Kindern sehr beliebt. Erkläre eines der Spiele!
③ Sucht euch ein Spiel aus und spielt es!

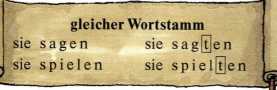

gleicher Wortstamm

sie sagen   sie sag|t|en
sie spielen   sie spiel|t|en

Wortstamm verändert sich

sie tragen   sie tr|u|gen
sie werfen   sie w|a|rfen

④ Schreibe die Spielanleitungen auf, die Marcus erklärt!
Setze die passenden Zeitwörter (Verben) in der Vergangenheitsform ein!

Maria und Simon haben viele Fragen an Marcus.
„Die kann ich euch beantworten", sagt Marcus.

Pferdehaar-schmuck

Speer

Kettenhemd

Das war
ein römisches
Ehepaar.

Schild

Schwert

Solche Waagen
verwendeten die Händler.

genagelte
Ledersandalen

Neptun,
der Meeresgott,
herrschte über
Flüsse und Meere.

So sah ein römischer
Berufssoldat aus.

Frauen trugen einfache
Haarknoten, aber auch
kunstvolle Haartrachten.

Beim Bootsbau waren
viele Sklaven beschäftigt.
Sie halfen auch bei der
Aussaat von Weizen und
Gerste.

① In den Antworten von Marcus stecken Wörter mit *aa, ee* und *oo*.
Suche sie heraus und schreibe sie auf!

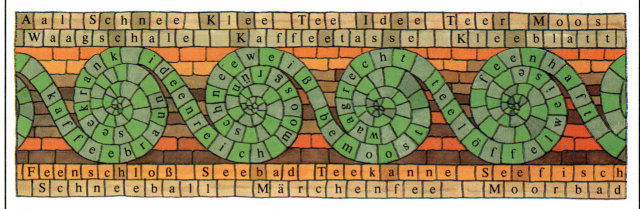

② Auf dem Mosaik findest du noch mehr Wörter mit *aa, ee* und *oo*. Welche?

③ Suche die verwandten Wörter und schreibe sie auf: *Haare – haarig, …*

① Schreibtafel   ② Griffel   ④ Handlaterne   ⑥ Rohrfeder
   aus Wachs   ③ Tintenfaß   ⑤ Buchrollen   ⑦ Papyrus
                                                          ⑧ Abacus

① Was die Kinder in der römischen Schule alles benutzten!

Marcus erzählt:
Meine Schule ⟋ ein offener Laden.
Die Leute ⟋ daran vorbei. Uns Schüler
⟋ das nicht. Mit sieben Jahren ⟋ ich
zum ersten Mal in die Schule. Wir ⟋
lesen, rechnen und schreiben.
Mein Freund Aulus ⟋ einen Hauslehrer,
einen Griechen. Andere Kinder ⟋ gar keine
Schule besuchen.
Wir ⟋ auf Wachstafeln. Mit dem unteren Teil
des Griffels ⟋ man gut Fehler wegreiben.
Später ⟋ wir auf Papyrus. Wir ⟋ Federn aus Rohr.
Tinte ⟋ sich im Tintenfaß. Wir ⟋ in Buchrollen.
Sie ⟋ viel, weil sie handgeschrieben waren.

② Schreibe den Text ab und setze die Zeitwörter (Verben)
in der Vergangenheit ein!

sein
gehen
stören
bekommen

lernen
können
gehen

schreiben
können
schreiben
ver-
wenden

lesen
kosten
befinden

Wortfamilie schreiben

	Stamm schreib + en	Stamm Schreib			Stamm Schrift
auf		Material	Vor		Steller
ab		Waren	Rein		Probe
nach		Zeug	Schön		Größe
unter		Feder	Zier		Sprache
be		Papier	Über		Art
vor		Tisch	Unter		Zeichen
über		Heft	Druck		Stück
ver		Block	Blinden		
zusammen		Maschine	Geheim		
		Fehler	Hand		
		Gerät	Maschinen		

aufschreiben, ...   das Schreibmaterial, ...   die Vorschrift, ...
der Schriftsteller, ...

① Bilde möglichst viele Wörter!

☆② Hast du nicht Lust, eine römische Buchrolle zu basteln?

Marcus, du glaubst wohl, du kannst mich an der Nase herumführen?!

③ Was meint der Lehrer wohl? Was bedeutet die Redensart?
Kannst du dir vorstellen, wie sie entstanden sein könnte?

④ Was machen die Mitschüler von Marcus? Welche Redensarten werden dargestellt?

- sich den Kopf zerbrechen
- sich etwas hinter die Ohren schreiben
- etwas aus dem Ärmel schütteln

- schwierige Aufgaben mühelos ausführen
- angestrengt nachdenken
- sich etwas gut merken

⑤ Schreibe die Redensarten auf und schreibe passende Erklärungen dazu!

67

① So ein Trubel! Erzähle!

Laden an Laden, Werkstatt an Werkstatt: Menschen drängten, schoben, zwängten sich ●orbei. Römische Straßen waren ●oll. Um ●erkehrsstaus zu ●ermeiden, war es ●erboten, tagsüber mit Wagen und Karren in die Stadt zu fahren. Die Straßen waren gepflastert. Wenn Regen ●iel, benutzten die Fußgänger die Schrittsteine.
●iele Leute hatten keine Küche. Sie aßen sehr ●iel Brot, das kreisrund ge●ormt und ●lach war. Brot gehörte zu den Hauptnahrungsmitteln der Be●ölkerung. An Imbiß-buden wurden aber auch ●erschiedene warme Speisen ●erkauft, die ●erlockend rochen.
Wenn man Sandalen wollte, ●ertigte der Schuster sie sofort an.
Nachts waren alle Läden ●erschlossen. Holz●erschläge wurden vor die Eingänge geschoben und ●erriegelt.

② Viele Bewohner klagten damals über den Lärm in den römischen Städten.
Kannst du dir denken warum?

③ Welche Buchstaben muß du einsetzen? Sieh dir dazu die Behälter genau an!
Schlage die übrigen Wörter im Wörterbuch nach!

ver-
-meiden
-bieten
-kaufen
-locken
-schließen
-riegeln

Mause-
Ab-
Zu-
Ein-
Aus-
Un-
-tür
-schirm
-obst

fiel
gefiel
fallen
gefallen
die Falle
der Fall

ab-
zu-
durch-
um- ein- aus- herunter-

Der Krug fiel um.

viel
viele
wieviel
wie viele
vielmals
vielleicht
vielfältig
Vielzahl

Der Krug enthält viel Öl.

④ Setze möglichst viele Wörter zusammen und schreibe sie auf!

⑤ Wortlistentraining! Übe mit deinem Partner!

Marcus verabschiedet sich von Maria und Simon mit einem echt römischen Essen und erzählt den beiden von einem römischen Festmahl aus der damaligen Zeit.

An einem Novemberabend war ich mit meinen Eltern zu einem Festessen in die Villa meines Onkels eingeladen. Er trug seine schöne Toga, darunter eine Tunika wie alle anderen auch. Pullover kannten wir nicht.

Das Speisezimmer war festlich geschmückt: Vasen mit bunten Blumensträußen standen auf den Ziertischen. Etwas nervös war ich schon. Das legte sich aber, als ich meinen Vetter sah. Während des Essens lagen wir auf Sofas. Das war bequem. Sklaven servierten uns die verschiedenen Speisen.

Zwischen den Gängen reichten sie uns Wasser und Servietten. Wir aßen nämlich wie üblich mit den Fingern und Löffeln. Als ich gerade bei der Nachspeise war, spielte ein Musiker auf seiner Flöte. Klaviere gab es damals noch nicht. Ich wollte aber lieber meinem Vetter zuhören, der mir gerade vom Vulkanausbruch des

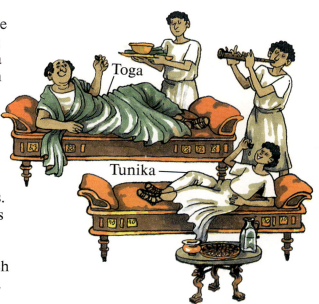

Vesuvs berichtete. Bei Datteln in Honig mit Vanillesoße erfuhr ich aber doch noch einiges darüber.

① Was ist heute anders bei einem Festessen?

② Schreibe alle Wörter auf, die mit einem *V, v* geschrieben werden, aber wie *w* gesprochen werden!

③ Präge sie dir gut ein! Es gibt nur wenige davon!

> Verflixt, da muß ich vielleicht aufpassen!

Römergeschichten – Geschichten von Marcus

- Das Geheimnis des Nüssespiels
- Mit Marcus im Römermuseum
- Mit Marcus beim Fasching
- Mit Marcus bei einem römischen Festessen
- Abschied von Marcus

④ Suche ein Thema aus und schreibe eine Geschichte dazu!

⑤ Heftet eure Geschichten in eine Mappe und gestaltet dazu ein Titelblatt!

69

Die Sendung mit dem

① Außergewöhnlicher Besuch bei den Drachenkindern! Erzählt!

② Welche Sendungen siehst du am liebsten?
Jedes Kind schreibt 3 Lieblingssendungen auf.

③ Stellt eine *Klassen-Fernseh-Hitliste* auf!

Ich bin dafür! **Pro**

Ich sehe gerne Werbe-
fernsehen mit Tieren…
Denn da kann man…

Contra Ich bin dagegen!

Das ist doch
meistens
langweilig!

④ Sucht euch eine Sendung aus! Spielt pro und contra!

Bildergeschichte
Satzverbindungen
erzählen und schreiben
im Wörterbuch nachschlagen

① Erzähle deinem Partner die Geschichte vom kleinen Herrn Jakob und seinem Hund!
Benutze einige der Wörter!

bequem	schönes Wetter	langweilig	Käfig
sieht fern	Segel	Nachrichten	Zoo
Sonne	scheint	Affen	vergnügt
steht auf	Fernsehapparat	spazieren	denkt

② Bildstörung!
Einige Wörter sind nicht zu lesen. Schlage im Wörterbuch nach!

③ Schreibe die Bildergeschichte auf! Die Wörter helfen dir dabei.

Ein Tag
in der Woche
Fernsehpause

① Die Drachen machen einen Tag in der Woche Fernsehpause.
Wie verbringen sie diese Zeit?

② Was könnten sie sonst noch unternehmen?

Fernsehen ist gut, weil…   Spielen ist gut, weil…

●●● Kinder an der frischen Luft sind. ●●● Kinder die Welt kennenlernen.
●●● es spannende Filme zeigt. ●●● Kinder selbst etwas tun können.
●●● alle Kinder fernsehen und man mitreden muß. ●●● man mit anderen
Kindern zusammen ist. ●●● keine Langeweile aufkommt.

③ Verbinde die angefangenen Sätze mit den passenden Begründungen in der
Sprechblase! Findest du selbst noch Begründungen?

Fernsehpause:

Ich glaube nicht, ☐ viele Kinder mitmachen.
Ich finde die Aktion gut, ☐ immer nur Fernsehen langweilig ist.
Zu langes Fernsehen ist nicht gut, ☐ es schadet den Augen.
Ich kann nicht einschlafen, ☐ ich zuvor einen Krimi gesehen habe.
Ich bin nicht einverstanden, ☐ ich die Idee gut finde.

daß
weil
denn
wenn
obwohl

④ Schreibe die Sätze ab und setze die passenden Verbindungswörter ein!
Vergiß das Komma nicht!

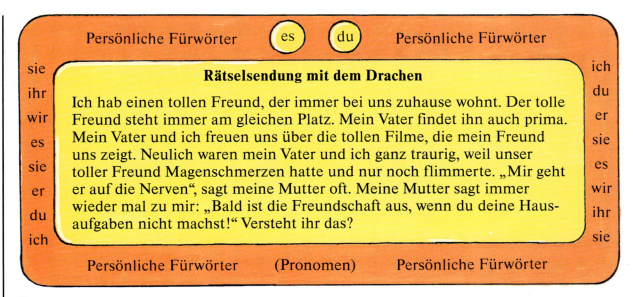

Persönliche Fürwörter (es) (du) Persönliche Fürwörter

sie
ihr
wir
es
sie
er
du
ich

ich
du
er
sie
es
wir
ihr
sie

Rätselsendung mit dem Drachen

Ich hab einen tollen Freund, der immer bei uns zuhause wohnt. Der tolle Freund steht immer am gleichen Platz. Mein Vater findet ihn auch prima. Mein Vater und ich freuen uns über die tollen Filme, die mein Freund uns zeigt. Neulich waren mein Vater und ich ganz traurig, weil unser toller Freund Magenschmerzen hatte und nur noch flimmerte. „Mir geht er auf die Nerven", sagt meine Mutter oft. Meine Mutter sagt immer wieder mal zu mir: „Bald ist die Freundschaft aus, wenn du deine Hausaufgaben nicht machst!" Versteht ihr das?

Persönliche Fürwörter (Pronomen) Persönliche Fürwörter

① Kennst du den tollen Freund?

→ Auflösung siehe S. 117

② Verbessere den Text! Setze für die Wiederholungen persönliche Fürwörter (Pronomen) ein!

Abgemacht! Ich hole euch heute nachmittag ab.

Wir warten auf dich.

Da bin ich. Kommt ihr mit?

Nein, jetzt nicht. Wir wollen lieber den Film sehen.

Du kannst doch auch zusehen.

③ Was ist denn da passiert? Erzähle!

Satzgegenstand kann ein **Fürwort** sein!

Ich | hole | euch | ab .

Wir | warten | auf dich .

④ Schreibe die Sätze in den Sprechblasen ab und unterstreiche den Satzgegenstand!

Claudia und Frank sitzen vor dem Fernseher. Claudia und Frank sehen eine spannende Sendung an. Da kommt Ute. Ute möchte Claudia und Frank abholen. So hatten es Claudia und Frank mit Ute verabredet. Aber Claudia und Frank wollen lieber den Film zu Ende sehen. Ute möchte lieber spielen. Ute geht allein zum Spielplatz. Ute ist enttäuscht.

⑤ Ersetze die Wiederholungen durch persönliche Fürwörter (Pronomen)!

z nach Zwielaut
Wörter mit lz, nz, rz
im Wörterbuch nachschlagen

① Welche Sendung interessiert dich?

② Suche alle Wörter mit *z* nach einem Zwielaut
aus den Sendungen oben heraus und schreibe sie auf: *Waldk⟨au⟩z – Schw⟨ei⟩z – …*

| geizig | heizen | reizen | Kreuz |

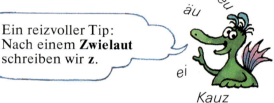

③ Schlage die Wörter im Wörterbuch nach
und suche verwandte Wörter!

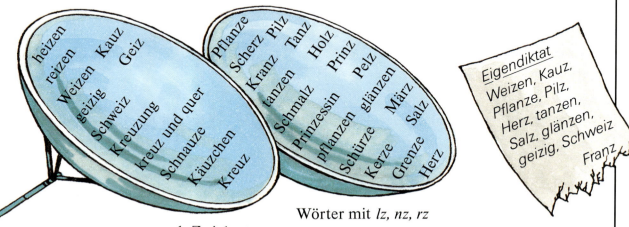

z nach Zwielaut

Wörter mit *lz, nz, rz*

④ Betrachte die Wörter mit *z* in den Antennen genau!
Schreibe danach die Wörter auswendig auf, die du ganz sicher richtig schreiben kannst!
Du hast 5 Minuten Zeit! Kontrolliere!

☆⑤ Ordne die Wörter mit *lz, nz, rz* nach dem Alphabet!

① Wie fühlt sich das Kind?
Welche Sendung sieht es
wohl gerade im Fernsehen?

② Berichte über Sendungen,
die auch dir Angst
gemacht haben!

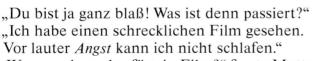

„Du bist ja ganz blaß! Was ist denn passiert?"
„Ich habe einen schrecklichen Film gesehen.
Vor lauter *Angst* kann ich nicht schlafen."
„Was war denn das für ein Film?" fragte Mutter.
„Es war eine Geschichte mit einem gefährlichen Wolf. Zuerst war er ganz friedlich.
Aber dann hat er alle Menschen in einem kleinen Dorf in *Furcht* und *Schrecken*
versetzt. Ein *Unglück* nach dem anderen passierte. Viel *Leid* kam über die Dorf-
bewohner. Die Menschen hatten fast keinen *Mut* mehr…"
Vater tröstete: „Zum *Glück* war alles nur ein Film! Ab morgen siehst du dir nur noch
Sendungen an, die dir *Spaß* und *Freude* machen."
Noch lange lag Diana wach im Bett.

③ Schreibe die hervorgehobenen Namenwörter (Substantive) aus dem Text heraus
und suche verwandte Wörter dazu!

Auch Wörter, die ausdrücken, was wir **denken** und **fühlen**,
sind **Namenwörter** (Substantive).
Sie werden groß geschrieben.

| Fröhlichkeit | Klugheit | Gesundheit | Krankheit | Mitleid |
| Dummheit | Traurigkeit | Sorgen | Stolz | Eifer |

④ Suche zu den Namenwörtern (Substantiven) die entsprechenden Eigenschaftswörter
(Adjektive)!

Musiksendungen   Sportsendungen   Kriminalfilme   Nachrichten
Abenteuerfilme   Wildwestfilme   Familiensendungen   Kindersendungen
Unterhaltungssendungen   Werbefernsehen   Sendungen über Natur und Umwelt
Zukunftsfilme   …

☆⑤ Welche Sendungen machen Spaß, vielleicht Angst oder bringen mehr Wissen?
Schreibe Beispiele auf!

Meisterdetektive Bello & Co

Bello & Co – das sind die vier Meisterdetektive Felix, Nina und Jan mit ihrem schlauen Hund Bello. Sie sind hinter Klaufix her, der seit einiger Zeit die Stadt unsicher macht.

① Hilf den Meisterdetektiven, den Fall zu lösen!
→ Auflösung siehe S. 117

② Ein guter Detektiv muß Personen, Dinge und Geschehnisse genau beobachten und beschreiben können. Teste nun, ob du dich als Mitglied von Bello & Co eignest! Suche eine Person in der Bahnhofshalle aus und betrachte sie einige Sekunden! Beschreibe sie nun! Kann dein Partner herausfinden, wen du meinst?

TREFF PUNKT AL TE UHR TAG PÜNKT RUINE FREI LICH BURG KLAU KOM 15 FIX MEN!

Felix hat im Papierkorb der Bahnhofshalle diese Papierschnitzel gefunden. Es ist eine Kleinigkeit für ihn, die Nachricht zu entschlüsseln. Für dich sicher auch!

① Schreibe die Nachricht richtig auf!
Welche Wörter schreibst du klein, welche groß?

→ Auflösung siehe S. 117

BEOBACHTUNG	SUCHEN	SICHTBAR
PÜNKTLICH	FINGERABDRUCK	NACHRICHT
BESCHATTEN	VORSICHTIG	VERSCHWINDEN
GEDÄCHTNIS	ABENTEUER	VERDÄCHTIG
BLITZSCHNELL	BERICHTEN	ERFINDEN
SCHLEICHEN	GEHEIMNISVOLL	SPÜRNASE

② Schreibe diese Wörter geordnet auf!
Namenwörter (Substantive): *die Beobachtung, …*
Zeitwörter (Verben): *suchen, …*
Eigenschaftswörter (Adjektive): *sichtbar, …*

Denk' dran!
Namenwörter groß,
Zeitwörter und
Eigenschaftswörter klein.

③ Suche drei Wörter aus und schreibe dazu eine Detektivgeschichte!

STRENG GEHEIM!
ALS DETEKTIV BRAUCHST DU EINE UNSICHTBARE SCHRIFT. PRESSE DAFÜR EINIGE ZITRONEN AUS! NIMM EINE FEDER UND BENUTZE DEN SAFT ALS TINTE! WENN DIE SCHRIFT TROCKNET, VERSCHWINDET SIE. WILLST DU SIE WIEDER SICHTBAR MACHEN, MUSST DU DAS PAPIER ERWÄRMEN. HALTE ES DAZU GEGEN EINE GLÜHBIRNE, ODER ERHITZE ES MIT EINEM BÜGELEISEN!

④ Suche aus dem Text alle Namenwörter (Substantive) heraus und schreibe sie mit dem Begleiter (Artikel) auf!

⑤ Schreibe nun den ganzen Text auf! Achte auf die Groß- und Kleinschreibung!

⑥ Hast du weitere Ideen, wie du deine Briefe für Unbefugte unlesbar machen kannst?

Frau Jülich ist verzweifelt.

Wen/Was?

Sie vermißt ⬚

Sie vermißt wertvollen Schmuck.

▲

Wen-/Was-Ergänzung

⬚ übernehmen Bello & Co. Die Detektive untersuchen ⬚ .

⬚ finden sie bald. Sie verfolgen ⬚ .

| den Räuber | einen wichtigen Hinweis | diesen Fall | den Tatort |

① Schreibe die Sätze mit den passenden *Wen-/Was-Ergänzungen* auf!

Die Detektive durchsuchen die Räume. Schließlich macht Bello die entscheidende Entdeckung. Er hält plötzlich einen fremden Schlüssel zwischen den Zähnen. „Was ist denn das für ein Schlüssel?" Frau Jülich schüttelt verwundert den Kopf. „Mir geht ein Licht auf! Ich hab die Lösung!" schreit Nina aufgeregt. „Der Schlüssel ist der Beweis, daß Klaufix hier war. Auf zum Bahnhof, Leute!"

② Schreibe den Text auf!
Als gute Spürnase entdeckst du darin sicher
alle *Wen-/Was-Ergänzungen*. Rahme sie blau ein!

③ Schreibe Sätze auf! Bilde auch Fragesätze: *Entdeckt Jan den Schlüssel?*

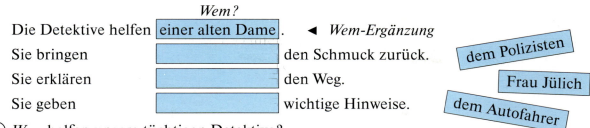

Wem?

Die Detektive helfen einer alten Dame . ◄ *Wem-Ergänzung*

Sie bringen _____ den Schmuck zurück.

Sie erklären _____ den Weg.

Sie geben _____ wichtige Hinweise.

dem Polizisten

Frau Jülich

dem Autofahrer

① *Wem* helfen unsere tüchtigen Detektive?
Schreibe die Sätze auf und setze dabei passende *Wem-Ergänzungen* ein!

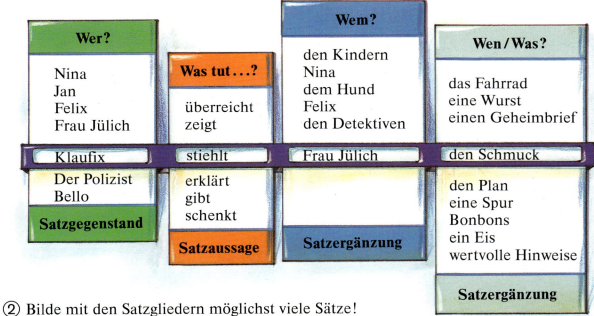

Wer?	Was tut...?	Wem?	Wen/Was?
Nina	überreicht	den Kindern	das Fahrrad
Jan	zeigt	Nina	eine Wurst
Felix		dem Hund	einen Geheimbrief
Frau Jülich		Felix	
		den Detektiven	
Klaufix	stiehlt	Frau Jülich	den Schmuck
Der Polizist	erklärt		den Plan
Bello	gibt		eine Spur
	schenkt		Bonbons
			ein Eis
			wertvolle Hinweise
Satzgegenstand	**Satzaussage**	**Satzergänzung**	**Satzergänzung**

② Bilde mit den Satzgliedern möglichst viele Sätze!

③ Schreibe sie auf! Kennzeichne die Satzergänzungen blau!

4ie 4e 20e 11 20i 22e 2lei2e 14
11L 1216924 au 6 4e 18 19ᗡ21 18

④ Wenn du diese Geheimschrift enträtseln kannst, erfährst du, was weiter geschieht.

→ Auflösung siehe S. 117

⑤ Erfinde selbst eine Geheimschrift!

An einem Montag um sechs Uhr erreicht Bello & Co
ein dringender Anruf: Im Zoo sind Tiere spurlos
verschwunden. Die Aufregung ist groß.

① Kannst du den Detektiven verraten, welche Tiere fehlen?

② Schlage die Tiernamen im Wörterbuch nach und schreibe sie richtig auf:
Auerochse → Ochse, ...

③ Wie sprichst du die Wörter? Wie schreibst du sie?

Die Kinder finden im Gebüsch einen Zettel mit wichtigen Hinweisen auf die
Zooräuber. „Die Täter kennen sich hier gut aus. Sie müssen zum Personal gehören",
meint Felix.

verwechseln
Büchsen
wechseln
sechsundzwanzig
Echsen
Gewächshaus
nächster

④ Wenn du die Wörter mit *chs* richtig einsetzt, erfährst du, was die Zooräuber vorhaben.
Schreibe die Nachricht auf!

→ Auflösung siehe S. 117

⑤ Schreibe die Wörter der *Wortfamilie wechseln* auf! Erkläre sie!
Kontrolliere deine Wörter mit dem Wörterbuch!

Als Bello & Co im Gewächshaus ankommen, sind die Echsen ihren Räubern entwischt und haben sich überall versteckt. „Wir brauchen sie nur wieder einzufangen", meint Jan.

① Erzähle, was du im Gewächshaus entdeckst!

② Notiere, wo sich die Echsen überall versteckt haben!

„Wir sind der Lösung unseres Falles ganz nahe. Wir sollten einige wichtige Hinweise in unsere Kartei aufnehmen", schlägt Nina vor, als Bello & Co am Abend wieder im Detektivbüro angekommen sind. „An die Arbeit, Leute!"

③ Eine solche Kartei kannst du zum Wörtertraining benutzen.
- Schreibe alle Wörter, die du üben willst, auf Karteikarten!
- Übe jedes Wort, indem du es genau ansiehst und auswendig aufschreibst!
- Wörter, die du richtig geschrieben hast, wandern in dem Kasten eine Station weiter.
- Wörter, die du dreimal richtig geschrieben hast, kommen in den hinteren Teil der Schachtel.

einem Text Informationen entnehmen
eine Ausstellung organisieren
Zeichensprache

Auf den Spuren der Indianer

Hi, ich bin Kenny, ein Irokesen-Junge!

Natürlich trage ich nicht ständig den Kopfschmuck meines Stammes. Am liebsten ziehe ich Jeans und ein T-Shirt an, genau wie du. Ich gehe den ganzen Tag in die Indianerschule. Wir lernen dort lesen, schreiben, rechnen. Außerdem haben wir Unterricht in der Sprache meiner Vorfahren, die hier in Nordamerika an den großen Seen als Waldindianer lebten. In der Schule lernen wir auch, wie man Gemüse anbaut und erntet, wie man reitet und jagt. Das macht uns großen Spaß! Wir lernen die alten Tänze und Lieder. Wir hören Sagen, Indianermärchen und erfahren von der traurigen Geschichte unseres Volkes. Für uns Indianer ist die Erde heilig. Tiere und Pflanzen sind für uns genauso wichtig wie Menschen.   nach Bärbel Ebert

① Was lernt Kenny in der Schule?

② Wie unterscheidet sich sein Unterricht von eurem?

☆ Besorgt euch Informationen über die Indianer in Nordamerika! Stellt Bilder, Bücher und Gegenstände zu diesem Thema in eurer Klasse aus!

Die vielen verschiedenen Indianerstämme sprachen alle verschiedene Sprachen. Um sich zu verständigen, benutzten sie eine Zeichensprache:

| ich | grüßen | hinsetzen | Freund | du |

④ Sage in der indianischen Zeichensprache:
Guten Tag! Setz dich hin! Ich bin dein Freund.

☆ Erfinde eine eigene Zeichensprache für dich und deine Freunde!

Das hat Kenny in einem Buch über seine Irokesen-Vorfahren noch gelesen:

Die Irokesen lebten in den riesigen Wäldern im Nordosten von Amerika. Sie wohnten in kleinen Dörfern, die sie mit einem hohen Schutzzaun umgaben. Außerhalb dieses Zaunes bauten sie Mais, Kürbisse und Bohnen an. Jedes Haus, in dem eine Großfamilie lebte, hatte eine längliche Form und ein halbrundes Dach aus Baumrinde. In der Mitte des Irokesenhauses befand sich eine große Feuerstelle. Den Frauen eines Stammes gehörten die Häuser und Felder. Sie bestimmten den Häuptling und wählten ihn auch wieder ab. Die leichten Kanus, die die Irokesen zum Fischfang benutzten, bauten sie aus Rinde. Im Winter schützten sie sich mit warmen Tierfellen vor der Kälte. Mit ihren Schneeschuhen konnten sie auch bei hohem Schnee auf die Jagd nach Bibern, Elchen und Bären gehen. Die Irokesen glaubten an Geister und schnitzten Holzmasken, die diese Geister vertreiben sollten. Die Medizinmänner benutzten diese Masken, um Krankheiten zu heilen.

① Beschreibe das Dorf der Irokesen genau!

| Nahrung | Wohnung | Jagd | Religion | Die Rolle der Frauen |

Mais, …

② Notiere in Stichwörtern, was du zu diesen Punkten über die Irokesen erfährst!

③ Durch Adjektive werden im Text die Menschen und Gegenstände genauer beschrieben. Schreibe so: *die riesigen Wälder, …*

Baut mit eurer Gruppe ein Indianerdorf.
Ihr braucht ein großes Stück Pappe als Unterlage,
Steine, Tonpapier, Bast, trockene Zweige,
Baumrindenstückchen…

① Besprecht und notiert, was ihr alles basteln wollt!
Verteilt die Aufgaben!

② Schreibe für einen Freund oder eine Freundin auf, wie ihr das Indianerdorf
gebastelt habt!

So kannst du ein **Irokesenkanu** basteln:

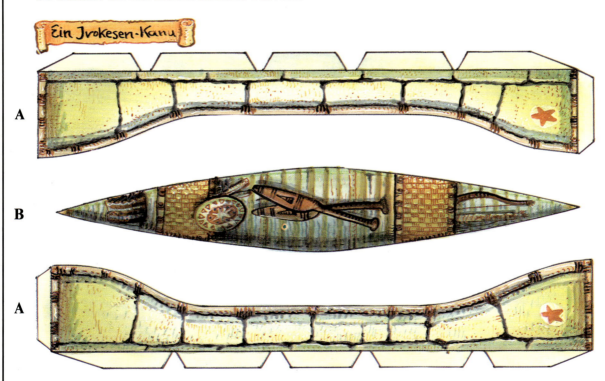

Ein Jrokesen·Kanu

A

B

A

- die Teile auf weißes Papier durchpausen
- die Kanuteile anmalen
- die Teile ausschneiden
- die Klebekanten umknicken und mit
  Klebstoff bestreichen

- Seitenwand A rundbiegen und mit
  Boden B zusammenkleben
- an den Spitzen des Kanus die
  umgeknickten Kanten außen festkleben

③ Stelle das Kanu nach der Vorlage her!

Die Indianer bemalten Gesicht und Körper mit verschiedenen Farben aus Pflanzen- und Tiersäften. Auf Kriegszügen, bei Festen und Trauer hatten die Farben verschiedene Bedeutungen.

feuerrot   *grasgrün*   *kalkweiß*   *pechschwarz*

Erfahrene Krieger färbten die Gesichter so rot wie Feuer.

Die weiße Farbe war das Zeichen der Trauer. Man stellt sie aus Kalk her.

Die grüne Farbe wurde aus Gras hergestellt.

Hatte ein Krieger einen anderen getötet, bemalte er sich so schwarz wie Pech.

① Schreibe Vergleiche auf und bilde zusammengesetzte Eigenschaftswörter (Adjektive): *so rot wie Feuer – feuerrot, so…*

so schnell wie der Blitz   so stark wie ein Bär   so scharf wie ein Messer
so leicht wie eine Feder   so kalt wie Eis   so groß wie ein Riese

② Finde auch hier zusammengesetzte Eigenschaftswörter (Adjektive)!

Im letzten Frühjahr, kurz nach der Schneeschmelze, wollten mein Freund Graueule und ich zum nächsten Dorf paddeln. Wir fuhren stromabwärts, und das Kanu glitt *sehr schnell* den Fluß hinunter. Bald kamen wir an einen Damm, den Biber gebaut hatten. Dort mußten wir das Kanu aus dem Wasser heben und ein Stück tragen. Zum Glück ist Graueule *sehr stark* und unser Kanu aus Rinde *sehr leicht*. Doch als wir es wieder ins Wasser setzen wollten, rutschte ich aus und stürzte in das *sehr kalte* Wasser…

③ Ersetze die hervorgehobenen Wörter durch passende zusammengesetzte Eigenschaftswörter (Adjektive)!

④ Schreibe die Geschichte auf, finde einen passenden Schluß und eine Überschrift!

85

Geschichten auf Büffelleder

Jedes Indianervolk hatte seine eigene Bilderschrift, mit der es besondere Erlebnisse aufzeichnen konnte. Dies ist die Bilderschrift der Prärie-Indianer.

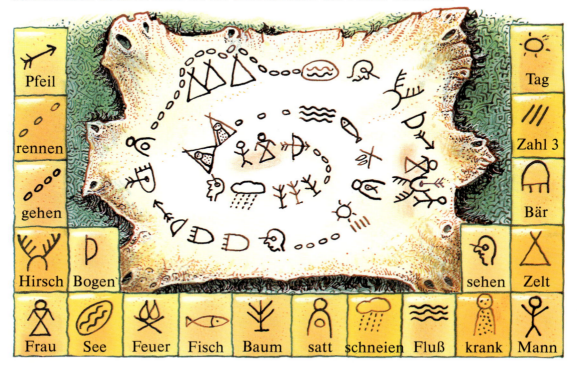

① Erzähle die Geschichte des Häuptlings **Guter Jäger** und seiner Frau **Sonne-über-dem-Weg**! Folge dabei der Spur der Bilderzeichen! Die Geschichte beginnt in der Mitte.

② Schreibe die Indianergeschichte so auf, daß sie spannend ist!

Denke an wörtliche Reden, Ausrufe, Gedanken und Gefühle, Einleitung, Höhepunkt und Schluß der Geschichte!

Ich heiße sprühendes Feuer. Wie heißt du?

☆③ Schreibe mit Hilfe der indianischen Bilderschrift eine eigene kleine Geschichte auf!

Die Wörter im Bild: starren, gaffen, erkennen, mustern, sehen, gucken, glotzen, beobachten, betrachten, bestaunen, erblicken, schauen, sichten, spähen

Still! Ist da nicht ein Geräusch? Angestrengt *sehe* ich in die Richtung, aus der das leise Knacken kommt. Doch ich kann keine Gefahr *sehen*. Vorsichtig schiebe ich mich auf dem Bauch etwas näher an das Lager unserer Feinde, der Krähenindianer, heran und *sehe* um einen dichten Busch. Ich bin Adlerauge, dem Späher meines Indianerstammes, und der Fährte der Krähen bis hierher gefolgt.

① Findest du andere Wörter für *sehen*? Setze sie beim Lesen des Textes ein!

② Viele verschiedene Wörter für *sehen*! Erklärt die Wörter oder spielt sie vor!

Da sitzen sie ahnungslos zusammen und prahlen mit ihren Taten. Ich die bunt bemalten Gesichter. Sie haben Indianerkleider genäht und sich mit Hühnerfedern geschmückt. Richtig echt sieht das aus, finde ich. Ich bin froh, daß sie nicht merken, wie ich sie .
Da, das vereinbarte Zeichen! Schnelles Reh kann den Ruf des Eichelhähers aber gut nachahmen! Leise ziehe ich mich zurück und berichte meinem Stamm, was ich habe.

③ Was beobachtet Adlerauge? Setze beim Lesen andere Wörter für *sehen* ein!

④ Überlege dir, wie die Geschichte weitergehen könnte!

⑤ Schreibe den Text vollständig auf! Fahre alle *Dehnungs-h* in den Wörtern farbig nach!

87

Kinder: Wir sind von der Zeitschrift Polarstern und möchten gerne ein Interview
mit Ihnen machen. Warum sind Sie eigentlich Briefträgerin geworden?

Eisbärin: Im Zoo war es mir einfach zu langweilig.

Kinder: Wir haben gehört, daß Sie auch schon andere Berufe ausgeübt haben.

Eisbärin: Das ist richtig! Letzten Sommer habe ich als Eisverkäuferin gearbeitet.
Dann war ich als Tänzerin im Zirkus Nino.

Kinder: Welche Berufe würden Sie denn sonst noch gerne ausüben?

Eisbärin: Oh, Bäckerin würde mir gefallen, aber ich wäre auch gerne mal Bäuerin.
Meine Freundin, eine Ärztin, hat mich gefragt, ob ich mich nicht als
Arzthelferin ausbilden lassen möchte.

Kinder: Für wen ist denn heute alles Post dabei?

Kinder: Sie tragen ja auch unsere Zeitschrift aus.

Eisbärin: Ja, die ist bei Kindern sehr beliebt. Ihr habt schon viele Leserinnen und
Leser gewonnen.

Kinder: Das freut uns aber sehr. Besuchen Sie uns doch mal in der Redaktion!

① Welche Berufe hat die Eisbärin schon ausgeübt oder will sie noch ausüben?
Welche anderen weiblichen Bezeichnungen findest du in dem Text?
Schreibe: *die Briefträgerin – der Briefträger, …*

② An wen sind die Briefe gerichtet? Schreibe die Berufsbezeichnungen auf!
Bilde auch hier Wortpaare!

③ Bilde die Mehrzahl: *die Eisbärin – die Eisbärinnen, …*

① Weißt du genau, was die Kinder *machen*?
An manchen Stellen kannst du das Zeitwort (Verb) *machen* durch ein anderes ersetzen.

Was für unsere Redaktion
noch zu machen ist:
Plakat machen
Rätsel machen
Geschichten machen
Interviews machen
Berichte machen
Rezepte machen
Spiele machen
Witze machen

schreiben, testen,
ausprobieren, entwerfen,
lösen, gestalten, abschreiben,
erfinden, ausdenken, bearbeiten,
geben

② Suche passende Zeitwörter (Verben) und bilde Sätze!
Manchmal findest du auch mehrere geeignete Zeitwörter.

☆③ Wen würdet ihr gern interviewen?
Bereitet Fragen vor!
Ihr könnt das Interview auch mit
dem Kassettenrekorder aufnehmen.

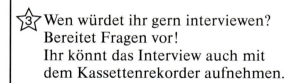

Mit euch
würde ich auch
gerne mal ein
Interview machen.

Das wollen die Käufer unserer Zeitschrift gerne lesen:

① Schreibe alle Wörter, die auf *-nisse* enden, in der Einzahl und Mehrzahl auf:
das Erleb<u>nis</u> – die Erleb<u>nisse</u>, …

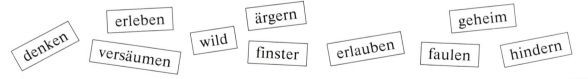

denken · erleben · versäumen · wild · ärgern · finster · erlauben · geheim · faulen · hindern

② Von diesen Wörtern kannst du Namenwörter (Substantive) mit dem Wortbaustein $\boxed{nis}$ bilden. Schreibe: *denken – das Gedäch<u>tnis</u>, …*

③ Suche aus jeder Kartengruppe jeweils ein Kärtchen aus und schreibe zu den drei Wörtern eine Geschichte!

Rekorde – Rekorde – Rekorde – Rekorde – Rekorde – Rekorde – Rekorde – Rekorde

Unglaublich...

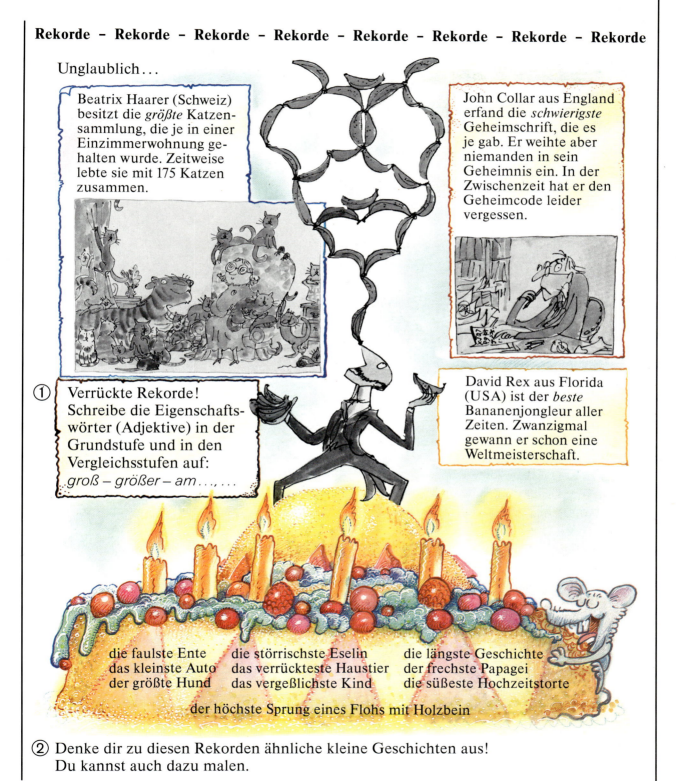

Beatrix Haarer (Schweiz) besitzt die *größte* Katzensammlung, die je in einer Einzimmerwohnung gehalten wurde. Zeitweise lebte sie mit 175 Katzen zusammen.

John Collar aus England erfand die *schwierigste* Geheimschrift, die es je gab. Er weihte aber niemanden in sein Geheimnis ein. In der Zwischenzeit hat er den Geheimcode leider vergessen.

① Verrückte Rekorde!
Schreibe die Eigenschaftswörter (Adjektive) in der Grundstufe und in den Vergleichsstufen auf:
groß – größer – am ..., ...

David Rex aus Florida (USA) ist der *beste* Bananenjongleur aller Zeiten. Zwanzigmal gewann er schon eine Weltmeisterschaft.

die faulste Ente   die störrischste Eselin   die längste Geschichte
das kleinste Auto   das verrückteste Haustier   der frechste Papagei
der größte Hund   das vergeßlichste Kind   die süßeste Hochzeitstorte

der höchste Sprung eines Flohs mit Holzbein

② Denke dir zu diesen Rekorden ähnliche kleine Geschichten aus!
Du kannst auch dazu malen.

Ihr kennt doch Pati?

Nein? Den kleinen Baumgeist? Hier ist er!

Ich bin ein Baumgeist.
Name: Pati
geboren: 15. Mai
Geburtsjahr: unbekannt
Größe: 20 cm
Gewicht: ?
Augenfarbe: dunkelgrün
Besondere Kennzeichen:
    keinen Freund, leider

Wie ich entstanden bin:

In ein kleines Säckchen füllst du Sand und bindest es oben mit einem Band zu.

Als Nase nimmst du eine Papier- oder Stoffkugel. Mund und Augen kannst du aus Filzresten ausschneiden.

Dann nähst oder klebst du viele zackige Stoffreste darauf.

① Bastle einen Baumgeist!

② Schreibe einen Steckbrief über deinen Baumgeist!

Pati sucht sich einen Freund

Pati war sehr traurig, daß er keinen Freund hatte. Eines Tages machte er sich auf den Weg...

| Wiese bunt spazieren | Felder groß wandern | Berg hoch klettern | Bach flach waten | Wald dunkel kommen |

③ Schreibe die Geschichte, wie Pati dem Tausendfüßler begegnet und sie Freunde werden!

Geschichten vom Baumgeist und Tausendfüßler

 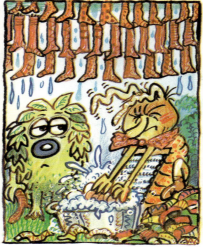 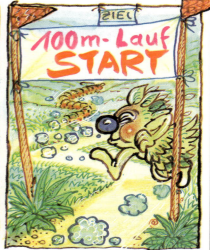

① Suche dir ein Bild aus und schreibe eine Geschichte dazu!

② Denke dir weitere Geschichten vom Baumgeist und Tausendfüßler aus!

Baumgeist-Tausendfüßler-Witze

Tausendfüßler will in die Tausendfüßler-schule gehen.
Baumgeist: Bevor du in die Schule gehst, solltest du dir deine Schuhe putzen!
Tausendfüßler: Und wozu das bitte? Ich melde mich doch nicht mit den Füßen.

Tausendfüßler: Baumgeist, du bist nicht mehr mit einem Tausendfüßler befreundet.
Baumgeist: Wieso, was habe ich getan?
Tausendfüßler: Du? Du doch nichts! Ich habe siebenmal meine Füße gezählt und immer 1000 und **1** herausgebracht.

③ Sammelt Witze! Erzählt sie so, daß die Zuhörer lachen müssen!

Tor - Note - Bank - Hahn - Birne - Pfeife - Schimmel - Raupe - Pflaster - Feder - Kopf - Schloß

④ Denke dir mit deinem Partner zu einem oder mehreren Wörtern ein ähnlich lustiges Gespräch aus!

Sp ieieieieieieie LEN
Spielt mit!
Spielt mit Sprache!
Spielt und spaßt mit Sprache!

Sp aßaßaßaßaßaßaß EN
Spaß und Spiel
Spaß und Spiel mit Sprache

rin inininininininin DER
brüll üllüllüllüllüllüllüllüll EN
schwein eineineineineineinein E
grun unununununununun ZEN
hun unununununununun DE
bell ellellellellellellell EN

Ernst Jandl

① Das ist der Anfang eines Gedichts von Ernst Jandl.
Ein Kind liest vor, die anderen schließen die Augen.
Welche Tiere und Tierstimmen erkennt ihr?

Katzen schnurren	Grillen zirpen
Gänse schnattern	Frösche quaken
Ziegen meckern	Hummeln brummen
Bienen summen	Vögel zwitschern

② Versucht, das Gedicht wie Ernst Jandl
fortzusetzen!

③ Entwerft dazu ein
Plakat!

④ Lest jetzt abwechselnd das ganze Gedicht!

Tiere im Zoo   **In der Schule**
Im Verkehr

☆⑤ Schreibt zu zweit oder in der Gruppe ein eigenes Gedicht! Baut es wie Jandl zusammen!

☆⑥ Tragt den anderen Gruppen eure Gedichte vor oder nehmt sie auf Kassette auf!

LESERBRIEFE · LESERBRIEFE · LESERBRIEFE · LESERBRIEFE · LESERBRIEFE

Schreibe deine Meinung zum POLAR☆!

Hallo, liebe Redaktion,
Polarstern gefällt mir ganz gut.
Ich meine, Ihr solltet aber
eine Rätsel- und Spielecke einrichten. Ihr könntet Spielanleitungen abdrucken. Ihr könntet
auf neue Spiele hinweisen.
Ich könnte Euch ein
selbst erfundenes Spiel
schicken. Wie wär's?
Tschüß, Eure Katrin

Liebe Eisbären-Redaktion,
wenn Ihr meine Meinung hören
wollt, also ich finde, ich kann Euch
nur sagen, Ihr bringt ein-
deutig zu wenig Comics.
Eure Carola

Lieber Polarstern,
ich finde Eure Witzseite echt ätzend.
Laßt Euch mal ein paar bessere
Witze einfallen oder macht mal einen
Witzewettbewerb. Ich könnte Euch
auch ein paar solle Witzbücher
ausleihen.
Viele Grüße
Euer Peter

Hallo, Polarstern,
ich meine, Ihr sollt ein Preis-
ausschreiben machen. Ich meine,
Ihr könnt auch mal eine Tier-
geschichte bringen. Sonst meine
ich, daß alles o.k. ist.
Euer Philipp

LIEBER POLARSTERN!
MEINER MEINUNG NACH
SOLLTEST DU MAL WAS
ÜBER GEHEIM-SCHRIFTEN
BRINGEN! DEINE MICHAELA

Begründungen
erkennt man auch an folgenden Wörtern:
denn, daher, deshalb, deswegen, weil, da,
damit

Meinungen
Ich finde…
Meiner Meinung nach…
Meiner Ansicht nach…
Ich glaube, daß…
Ich meine…
Ich bin dafür, daß…
Dazu kann ich nur sagen…

① Wer äußert sich am ausführlichsten?
Wer macht die meisten Vorschläge?
Wer macht gar keine Vorschläge?

② Manche Leserbriefe klingen nicht gut.
Versucht, sie zu verbessern!

③ Mit welchen Wörtern kündigen die
POLAR☆-Leserinnen und -Leser
ihre Meinung an?

④ Welche Aufgabe würdest du gerne in einer Redaktion übernehmen?

⑤ Die Leserbriefe sind in verschiedenen Schriften geschrieben.
Welche gefällt dir am besten?

Mein Freund, der Baum

Ich hab' ei - nen Freund, so gol - den grün. Ich streich - le sei - ne Rin - de. Er

wird im Som - mer duf - ten und blüh'n, mein Baum ist ei - ne Lin - de.

Ich hab' ei - nen Freund. Ich hab' ei - nen Traum. Mein Freund, das ist ein Lin - den - baum.

① Eine Linde als Freund? Erzähle!

Text: Nortrud Boge-Erli
Musik: Dorothée Kreusch-Jacob

② Hast du auch Freunde unter den Bäumen?

☆③ Kennst du einen besonders alten, bekannten oder beliebten Baum in deinem Dorf oder deiner Stadt? Male oder fotografiere ihn und schreibe etwas dazu!

Ich schenke dir diesen Baum

Ich schenke dir diesen Baum.
Aber nur,
wenn du ihn wachsen läßt,
da wo er steht;
denn Bäume sind keine Ware,
die man einfach mitnehmen kann.
Sie keimen und wurzeln
in unserer alten Erde,
werden hoch wie ein Haus
und vielleicht sogar älter als du.
Ich schenke dir diesen Baum,
das Grün seiner Blätter,
den Wind in den Zweigen,
die Stimmen der Vögel dazu
und den Schatten,
den er im Sommer gibt.
Ich schenke dir diesen Baum,
nimm ihn wie einen Freund,
besuche ihn oft,
aber versuche nicht, ihn zu ändern.
So wirst du sehen,
daß du viel von ihm lernen kannst.
Eines Tages sogar
seine Weisheit und Ruhe…

Harald Braem

① Lies das Gedicht und denke an Atempausen!

② Erkläre, warum der Dichter den Baum als Geschenk betrachtet!

③ Der Dichter möchte dir den Baum nur schenken, wenn…
Suche die passenden Textstellen!

Unter einem Baum. Wir sitzen einige Zeit ganz still.

④ Was siehst du, was hörst du, was riechst du?

⑤ Wer möchte, schließt die Augen und ertastet die Rinde
und die Blätter des Baumes.

⑥ Was fällt dir unter dem Baum ein? Erzähle!

97

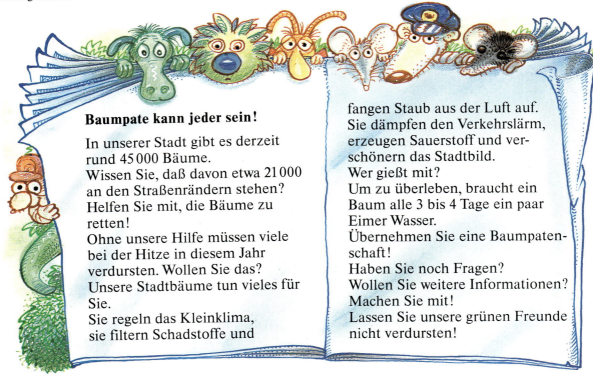

Baumpate kann jeder sein!

In unserer Stadt gibt es derzeit rund 45 000 Bäume.
Wissen Sie, daß davon etwa 21 000 an den Straßenrändern stehen?
Helfen Sie mit, die Bäume zu retten!
Ohne unsere Hilfe müssen viele bei der Hitze in diesem Jahr verdursten. Wollen Sie das?
Unsere Stadtbäume tun vieles für Sie.
Sie regeln das Kleinklima, sie filtern Schadstoffe und fangen Staub aus der Luft auf.
Sie dämpfen den Verkehrslärm, erzeugen Sauerstoff und verschönern das Stadtbild.
Wer gießt mit?
Um zu überleben, braucht ein Baum alle 3 bis 4 Tage ein paar Eimer Wasser.
Übernehmen Sie eine Baumpatenschaft!
Haben Sie noch Fragen?
Wollen Sie weitere Informationen?
Machen Sie mit!
Lassen Sie unsere grünen Freunde nicht verdursten!

① Wozu werden die Bürgerinnen und Bürger der Stadt aufgerufen?

② Ein Kind liest den Text laut vor.
Nach einem Aussagesatz setzen sich alle auf den Boden.
Nach einem Aufforderungssatz stehen alle auf.
Nach einem Fragesatz stehen alle auf und drehen sich einmal herum.

③ Suche aus dem Text einige *Aussagesätze, Fragesätze* und *Aufforderungssätze* heraus!
Schreibe sie auf!

④ Gestaltet selbst Plakate, die auf die Gießaktion aufmerksam machen!
Überlegt, wen ihr ansprechen wollt!

⑤ Erfindet Werbesprüche für die Aktion!

① Was tun die Kinder, um dem Baum zu helfen?

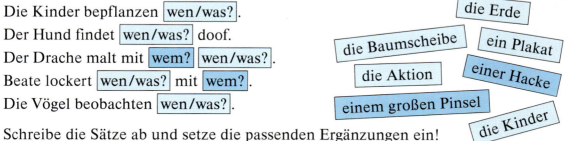

② Schreibe die Sätze ab und setze die passenden Ergänzungen ein!
Unterstreiche den Satzgegenstand grün und die Satzaussage rot!

Beate fragt: Drache, machst du mit 🐌 Das ist doch klar 🐌 antwortet der Drache.
Bring mir doch bitte den großen Pinsel 🐌 ruft er Jörg zu. Was wird denn das 🐌
erkundigt sich Jutta. Das wird nicht verraten 🐌 sagt der Drache. Eifrig arbeitet er an
seinem Plakat. Die Kinder loben ihn: Das ist ja ein tolles Plakat 🐌

③ Schreibe den Text ab und setze die passenden Satzzeichen!
Vergiß die Anführungszeichen nicht!

Baum   Haus   sauber

Bäume sind wirklich unsere Freunde. Sie säubern die Luft und dämpfen die Straßen-
geräusche. Im Sommer freuen wir uns, wenn sie Schatten spenden. So verhindern sie
auch, daß sich Häuserwände und Gebäude zu stark aufheizen. Unter Bäumen können
wir spielen und träumen.
                                        bauen
rauschen   Traum

① Lies den Text laut! Achte dabei auf die Wörter mit *äu* und *eu*!

Oh, *äu* und *eu*
werden gleich
gesprochen!

oy
oy!

oi
oi!

Richtig schreiben:

Ein traumsicherer Tip: Und noch ein freundlicher Tip:

äu kommt von *au*   *eu* bleibt *eu*

Träume – Traum   freundlich – Freund

B 🍒 me sind wichtige Lebensr 🍒 me für viele Vögel und Insekten. Wenn der Wind
h 🍒 lt, bieten sie Schutz und Unterschlupf. Im Frühjahr l 🍒 chten die Blüten vieler
B 🍒 me in zarten Farben. Um die B 🍒 me wachsen viele Str 🍒 cher und
Kr 🍒 ter. Viele L 🍒 te wissen gar nicht, wie wichtig gesunde B 🍒 me h 🍒 te
für uns sind. Fr 🍒 ndliche Menschen pflegen und schützen daher unsere tr 🍒 en
Fr 🍒 nde, die B 🍒 me.

② *äu* oder *eu*?
Suche alle Wörter mit *äu* aus dem Text!
Suche dazu ein verwandtes Wort mit *au*: *Bäume – Baum, . . .*

Träume mit Bäumen

☆3 Erfinde eine Geschichte mit dem lustigen Baumgeist im Zauberbaum,
im Wunschbaum oder im Spielbaum!

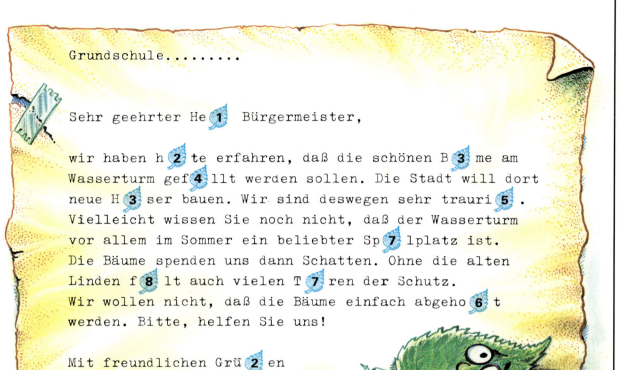

Grundschule.........

Sehr geehrter He **1** Bürgermeister,

wir haben h **2** te erfahren, daß die schönen B **3** me am Wasserturm gef **4** llt werden sollen. Die Stadt will dort neue H **3** ser bauen. Wir sind deswegen sehr trauri **5** . Vielleicht wissen Sie noch nicht, daß der Wasserturm vor allem im Sommer ein beliebter Sp **7** lplatz ist. Die Bäume spenden uns dann Schatten. Ohne die alten Linden f **8** lt auch vielen T **7** ren der Schutz. Wir wollen nicht, daß die Bäume einfach abgeho **6** t werden. Bitte, helfen Sie uns!

Mit freundlichen Grü **2** en
Ihre Klasse 4

① Lest den Brief an den Bürgermeister! Was meint ihr dazu?

Die Kinder wollen keine Fehler machen. Sie nehmen ihren Verbesserungsplan heraus und berichtigen den Text.

> Mein Verbesserungsplan

1 *Suche noch einige Wörter mit doppelten Mitlauten aus dem Text!*

2 *Schlage im Wörterbuch nach!*

3 *Schreibe die Wortfamilie auf! Bäume – Baum, Baumstamm…*

4 *Suche ein verwandtes Wort mit a! gefällt – fallen*

5 *Verlängere das Wort! traurig – trauriger Kind – Kinder*

6 *Schreibe noch einige Wörter mit lz, rz, nz auf!*

7 *Suche Wörter mit ie!*

8 *Kennzeichne eh! Suche noch andere Beispiele!*

② Schreibe den Brief richtig auf!

Spiel und Spaß

① Welche dieser Spiele kennst du? Erkläre sie!

Apfelsaft   zwei Hüte mitbringen   Dosenwerfen   Spielwiese

14 Uhr   Völkerball   Pferderennen   Staffellauf

Hüpfseil mitbringen   Hindernisrennen

Limo   Kuchen   zwei Eimer mitbringen

② Sabrina hat sich zu diesem Spielenachmittag Notizen gemacht.
Was meinst du dazu?

Treffpunkt?   Verpflegung? Getränke?   Vorbereitungen?

Welche Spiele?   Zeit?   ......

③ Ordne Sabrinas Notizen! *Treffpunkt: Spielwiese, ...*

④ Wie wäre es mit einem lustigen Spielenachmittag im Freien?
Alle helfen mit bei der Planung.
Besprecht die einzelnen Punkte und macht euch dazu Notizen!

Hindernisrennen

Hier sollt ihr um die Wette *gehen.* Legt Start, Ziel und eine bestimmte Laufstrecke fest. In diese baut ihr verschiedene Hindernisse ein. So könnt ihr über eine Kiste *gehen,* zwanzigmal mit dem Seil *gehen,* über einen Baumstamm *gehen,* durch einen Tunnel *gehen. Geht* in Gruppen nacheinander los und stoppt die Zeit. Welche Gruppe *geht* am schnellsten?

① Sicherlich werdet ihr nicht nur *gehen,* sondern auch rennen, hüpfen, springen, klettern, balancieren, ...
Verbessert die Spielanleitung!

rennen laufen stolzieren sausen trippeln trampeln schleichen humpeln stolpern kriechen stöckeln hinken hüpfen bummeln springen wandern stapfen rasen hasten schlendern

② Wer ist denn hier durch unser *Wortfeld gehen* gestapft?
Schlage die Wörter im Wörterbuch nach!

③ Suche dir ein Zeitwort (Verb) aus und spiele es ohne Worte vor!
Wer es errät, stellt das nächste Wort dar.

① Wie viele Wörter kannst
du in vier Minuten
zusammenbauen? Schreibe sie auf!

② Bilde mit den Wörtern einige Sätze!

Bitte alle in einer Reihe ▱ !

Wir wollen unsere schönsten Bilder ▱ .

Du darfst Würstchen und Limo ▱ .

Du kannst die Limonade hier ▱ .

Kannst du dir einen fliegenden Elefanten ▱ ?

Als Clown solltest du deine Stimme ▱ .

Würdest du bitte die laute Musik ▱ .

③ Schreibe die Sätze auf und setze dabei die *Wortbausteine* an die richtige Stelle!

☆④ Suche im Wörterbuch möglichst viele Wörter mit den *Wortbausteinen ver* und *vor*
und schreibe sie auf!

Kannst du dir das *vor*stellen?
Ich möchte dir meinen Bruder *vor*stellen.
Du darfst die Spielfigur drei Felder *vor*stellen.

⑤ Erkläre, was das Wort *vorstellen* hier bedeutet!

Gespensterrennen

Kerstin und Nicole wollen beim Gespensterrennen
mitmachen.
Sie kennen das Spiel noch nicht.

Jede stellt sich zu einer Gruppe.
In jeder Gruppe sind gleich viele Kinder.

Die ersten beiden Kinder jeder Gruppe verwandeln
sich in Gespenster.
Sie ziehen ein Bettlaken über den Kopf.

Die Gespenster laufen um die Wette zum Ziel.
Sie können nichts sehen.

Jede Mannschaft kann ihrem Gespenst helfen.
Sie darf den Lauf durch Zurufe steuern.

Das nächste Kind aus der Gruppe kommt an die Reihe.
Das Kind vor ihm ist am Ziel.

Kerstin blinzelt bei ihrem Lauf unter dem Tuch hervor.
Sie hat ein bißchen Angst.

Ihre Mannschaft verliert deswegen das Spiel.
Sie ist schneller fertig.

weil

so daß

indem

aber

indem

wenn

weil

obwohl

① Kannst du das Spiel Gespensterrennen erklären?

② Wenn du immer zwei Sätze durch ein Bindewort verknüpfst, klingt der Text flüssiger.
Achtung! Manche Sätze müssen umgestellt werden. Vergiß das Komma vor dem
Bindewort nicht! Schreibe den Text auf:

Kerstin und Nicole wollen beim Gespensterrennen mitmachen,
weil sie das Spiel noch nicht kennen. Jede . . .

Tina hat einen Text für die Klassenzeitung geschrieben. Sie zeigt ihn ihrer Klassenlehrerin. Sie bekommt noch einige Tips, wie sie ihn verbessern kann.

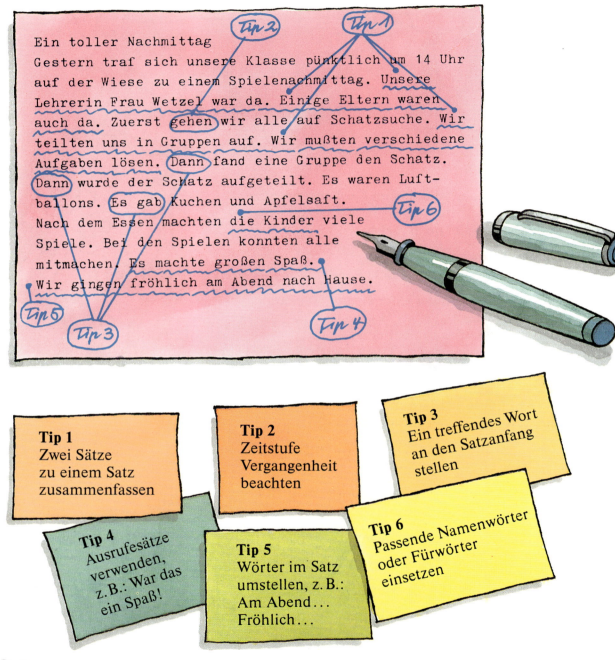

① Ändere Tinas Text ab! Beachte dabei die verschiedenen Tips!

☆② Schreibe über ein Erlebnis in deiner Klasse!

Im Wörterbuch nachschlagen

Wo finde ich bloß diese Wörter im Wörterbuch?

i/ie?   u/uh?

z(?)mlich   f(?)r

ä/äh?   ss/ß?

Z(?)ne   Schlo(?)gespenst

*Draußen war es
z(?)mlich kalt.*

Detekti(?), n(?)mlich, gei(?)ig, Famil(?),
Kla(?)ier, das Mitlei(?), Sta(?), zurü(?), e(?)bar

das **Zeug** → 21
der **Zeuge**, die Zeugen → 21
die **Zeugin**, die Zeuginnen → 21
das **Zeugnis**, die Zeugnisse → 21
zi
im **Zickzack** fahren → 1
die **Ziege**, die Ziegen → 11
der **Ziegel**, die → Ziegel → 11
ziehen, du ziehst, er zog → 12
das **Ziel**, die Ziele → 11
zielen, du zielst → 11
ziemlich → 11
der **Ziergarten**,
die Ziergärten → 11
die **Zierleiste**, die Zierleisten → 11

Bei Zeitwörtern
(Verben):
die Grundform
suchen!

*Der Drache
fu(?)r zu schnell.*

fuhr – fahren

aß, band, bekam, gefaßt, stiehlst,
stürzte, traf, geschrieben, flog, zog, wußte

Bei Namenwörtern
(Substantiven) in
der Mehrzahl: die
Einzahl suchen!

*Er putzte sich
die Z(?)ne.*

Zähne – Zahn

Gäste, Ärzte, Städte, Bäume, Schlösser,
Flüsse, Blätter, Fässer, Plätze, Träume

**Bei zusammen-
gesetzten Namen-
wörtern** (Substan-
tiven): beide
Wörter suchen!

*Plötzlich heulte
das Schlo(?)gespenst.*

das Schloß
das Gespenst

Fahrrad, Briefträger, Kaffeetasse, Familien-
name, Raumschiff, Straßenverkehr

**Bei Eigen-
schaftswörtern**
(Adjektiven) in den
Vergleichsstufen:
die Grundstufe
suchen!

*Er kletterte
immer hö(?)er.*

hoch – höher –
am höchsten

länger, älter, am dicksten, größer, klüger,
am schnellsten, jünger

Diktattexte

zu den Seiten 10-15

Wir radeln nie mehr ohne Helm

Tim setzt seinen neuen Fahrradhelm auf, steigt auf sein Fahrrad und fährt los. Unterwegs trifft er Tina. „Du siehst ja aus wie ein Marsbewohner!" ruft sie erstaunt.
„Ich fahre nur noch mit Helm, seit mein Freund bei einem Unfall schwer am Kopf verletzt wurde", erklärt Tim. „Darf ich ihn mal aufprobieren?" fragt Tina nachdenklich.
„Klar", antwortet Tim und reicht ihr seinen Helm. „Der paßt mir prima, und er ist auch ganz leicht", staunt Tina.
Tim gibt ihr noch einen Tip: „Wenn du dir einen Helm kaufst, nimm eine helle oder auffällige Farbe. Sie ist bei jedem Wetter gut erkennbar."

zu den Seiten 22-27

Ferien in Irland

Letzten Sommer war ich mit meinen Eltern und meinem älteren Bruder in Irland.

„Du fährst tatsächlich dorthin?", fragte mich mein Freund. „Irland ist doch eines der regenreichsten Länder." Das meinen viele Leute. Aber es regnet immer nur sehr kurz. So schöne grüne Wiesen gibt es bei uns nicht. Noch nie zuvor habe ich solche langen Sandstrände gesehen. Klar, es könnte etwas wärmer sein. Wir haben uns Räder gemietet, und geangelt habe ich auch. Es ist länger hell als bei uns. Das gefällt mir sehr.

zu den Seiten 34-39

Abenteuer Lesen

Wenn Peter traurig ist, nimmt er sich ein altes Märchenbuch aus dem Regal. Kaum hat er es aufgeschlagen, kommt ein bunter Teppich angeschwebt. Er setzt sich darauf, und schon geht die Reise los. Kleiner und kleiner werden die Häuser. Er fliegt durch eine dichte Wolkendecke. Da – der Teppich verliert an Höhe, und Peter sieht ein Land voller Blumen. Er landet im Schloßgarten. Der König empfängt ihn würdevoll. Sie speisen und hören Musik, eine ganz seltsame Melodie.
Plötzlich durchfährt ihn ein Gedanke: „Wie komme ich wieder nach Hause?" Vorsichtig stellt Peter das Buch ins Regal zurück.

Zauberei

Tim liest besonders gerne Märchen, in denen ein Zauberer vorkommt. Dann stellt er sich vor, auch er könnte zaubern: Sofort zaubert er sich sein Lieblingsessen herbei. Gegen die 4b schießt er fünf traumhafte Tore. Seine Hausaufgaben erledigt er blitzschnell durch einen Zauberspruch. Morgens fliegt er auf einem riesigen Drachen zur Schule. Tim ist schon stolz, wenn er in der großen Pause mit seinen Freunden auf dem Drachen eine Runde dreht. Was werden seine Freunde morgen große Augen machen, wenn sie alle ein fehlerfreies Diktat zurückbekommen?

Manchmal wäre es wirklich schön, ein Zauberer zu sein.

zu den Seiten 40-45

Gespensterparty

Jetzt ist gerade die richtige Zeit für eine Gespensterparty mit Freunden. Jeder bringt ein altes, weißes Bettlaken mit. Zuerst malt ihr mit einem Stift die Augen auf. Wenn das Gespenst seinen Umhang abgelegt hat, schneidet ihr die Gucklöcher aus. Damit es auch schön gruselig wird, bringt jedes Gespenst eine Taschenlampe mit. Besonders schaurig wird es, wenn ihr einen bunten Strumpf über die Taschenlampe zieht. Die Katze oder den Hamster bringt ihr während der Party lieber in ein anderes Zimmer, denn sonst bekommen die Tiere Angst.

Bald tanzen die Gespenster zu unheimlicher Musik.

zu den Seiten 46-51

Fatumas Palmkette

Fatuma hat aus Palmblättern Kugeln geflochten. In die Kugeln hat sie kleine Steine gesteckt. Mit einer Schnur hat sie die Kugeln verbunden und verknotet. Die Kette wird sie beim nächsten Tanzfest tragen. Wenn Fatuma mit den Schultern wippt, klopfen die Steinchen gegeneinander.

Omara

Omara lebt in Afrika. Vorhin hat sie einen dicken Maisbrei gegessen, den sie mit ihrem Bruder in einem Topf gekocht hat.

Jetzt wartet sie auf ihre Freundin Sakina, die gerade Kokoskuchen verkauft. Omara und Sakina wollen nachher mit ihrem selbstgebastelten Ball spielen. Um einen Stein haben sie mehrere Lagen Papier gewickelt. Mit Palmblättern haben sie das Papier fest zusammengebunden.

Daniel Düsentriebs Erfindung

Den Erfinder Daniel Düsentrieb kennt ihr doch alle. Aber kennt ihr seine neueste Erfindung? Er hat eine Maschine erfunden, mit der man Goldmünzen herstellen kann. Die Maschine sieht ganz unscheinbar aus. Man könnte sie sogar mit einem Mixer verwechseln, wenn da nicht ein kleines Rohr auf der Seite wäre. Da fallen doch tatsächlich Goldmünzen heraus.
Halt! Zuerst muß man einiges in den Mixer füllen: ein Pfund Brennesseln, die man bei Vollmond pflücken muß, zwanzig Körnchen Sand von einer Südseeinsel. Eine halbe Tasse Obstessig darf auch nicht fehlen. Und noch zwei Zutaten! Doch die sind Daniels Geheimnis, leider.

zu den Seiten 52-57

Auf einem unbekannten Planeten

Du schaust dich um und entdeckst auf einmal, wie ein Bewohner des unbekannten Planeten auf dich zukommt.
Er hat einen ungewöhnlichen Körper mit seltsamen Armen und komischen Beinen. Sein Kopf fällt ganz besonders auf. Und wie er sich bewegt! Plötzlich sieht er dich an und öffnet seinen Mund. Aber was bedeutet das, was er dir gerade mitteilen möchte? Du betrachtest aufmerksam sein Gesicht, um ihn besser zu verstehen. Er gibt dir ein Zeichen und fordert dich auf, in sein sonderbares Fahrzeug einzusteigen. Du traust deinen Augen kaum, was es da alles zu bestaunen gibt. Nachdem du Platz genommen hast, geht die Fahrt los.

zu den Seiten 58-63

Alles Banane!

Die Banane wächst leider nicht bei uns. Sie muß aus südlichen Ländern zu uns geholt werden.
Die Bananenpflanze wird bis zu zehn Metern hoch. Sie hat große Blätter und trägt mächtige Bananenbüschel, in denen

bis zu 150 Früchten sitzen. Die Bananen werden grün gepflückt. Mit Flugzeugen oder Schiffen werden sie zu uns gebracht und reifen dann in kurzer Zeit in großen Lagerhäusern.

Die Banane ist sehr gesund. Sie enthält wichtige Nährstoffe. Weil die Banane so gut schmeckt, wird sie oft verwendet, um Obstsalat zu machen, Kuchen zu belegen oder leckere Milchgetränke herzustellen. Banane schmeckt und hält fit.

zu den Seiten 64-69

Eine Erfindung der Römer

Nachmittags gingen die Römer gerne in öffentliche Bäder. Dort badeten sie, wuschen sich, trieben Sport und unterhielten sich.

Woher kam das Wasser? Über große Brücken, auf denen Wasserleitungen gelegt waren, wurde es aus dem Gebirge nach Rom geleitet. Das Wasser erreichte so die Bäder, aber auch die Häuser, die Toiletten, die Brunnen und die Parks. Fließendes Wasser aus der Leitung, das ist eine Erfindung der Römer.

zu den Seiten 76-81

Umweltsündern auf der Spur

Detektiv sein, das klingt nach aufregenden Abenteuern. Doch es macht auch eine Menge Arbeit, erfordert Geduld und Ausdauer. Davon können unsere vier Meisterdetektive ein Lied singen.

Neulich waren sie einem Umweltsünder auf der Spur. Der Fluß war durch Öl verschmutzt worden. Tote Fische trieben im Wasser. Wer war der Täter? Die Detektive lagen tagelang auf der Lauer. Sie überwachten Autos, befragten Angler, spielende Kinder und Spaziergänger nach verdächtigen Beobachtungen. Schließlich fiel ihr Verdacht auf einen Autofahrer, der am Uferparkplatz bei seinem Auto das Öl gewechselt hatte. Nun konnten sie den Fall der Polizei übergeben.

zu den Seiten 82-87

Am Indianerfluß

Wie jeden Morgen geht **Kleine Wolke** mit dem Wasserkrug zum Fluß. Der Krug wird auf dem Rückweg sehr schwer sein. Trotzdem holt sie gerne Wasser. An der Wasserstelle trifft sie nämlich ihre Freundinnen. Hier können sie reden und lachen, im Wasser herumtoben, sich naß spritzen und mit den Händen Fische fangen.

Als sie heute ankommt, stehen alle ganz aufgeregt zusammen. Was ist los? **Waches Auge** sagt, daß die Männer von der Jagd zurückkehren und reiche Beute mitbringen. Das wird ein Fest geben heute abend! Da füllt **Kleine Wolke** flink ihren Wasserkrug und eilt so schnell sie kann zurück zum Lager. Diese gute Neuigkeit muß sie sofort weitererzählen.

zu den Seiten 88-95

Post für Felix Inselpinsel

Eines Tages sollte die Eisbärin einen Brief auf eine einsame Insel bringen. Dort wohnte Felix Inselpinsel. Die Eisbärin setzte sich also in ihren knallroten Waschzuber und ruderte los. Sie ruderte durch dichtes Schilf. Bald taten ihr die Arme weh. Die Insel war noch nicht in Sicht. Schon ging der Mond auf.
Was war das? Ein Ungeheuer? Es krachte und splitterte. In hohem Bogen fiel die Eisbärin ins Wasser. Und der Brief? Der Brief natürlich auch.
Erschöpft und triefend vor Nässe erreichte die Eisbärin wieder das Ufer. Felix Inselpinsel aber wartet heute noch auf seinen Brief.

zu den Seiten 96-101

Einen Baum pflanzen

Täglich werden viele Bäume gefällt. Du kannst dafür wieder ein Bäumchen pflanzen. Sammle verschiedene Baumsamen!

Lege in jeden Blumentopf etwa einen Zentimeter hoch Kieselsteine! Dann füllst du den Topf fast bis zum Rand mit Blumenerde auf. Drücke den Samen etwa einen Zentimeter tief in die Erde! Für jeden Blumentopf nimmst du einen anderen Baumsamen. Schreibe den Namen des Baumes auf ein Schild und stecke es in den passenden Topf! Gieße die Blumenerde regelmäßig, damit die Erde feucht bleibt! Du stellst die Töpfe nach draußen. Sieh im Frühjahr nach, welche Samen aufgegangen sind!
Wenn die jungen Pflänzchen zehn bis zwölf Zentimeter hoch sind, kannst du sie an einem geeigneten Platz einpflanzen.

zu den Seiten 102-107

Fuchs und Hase

Alle Mitspieler stehen im Kreis. Immer zwei Spieler stellen sich nun hintereinander mit dem Gesicht zur Kreismitte auf. Ein Paar wird als Fuchs und Hase ausgewählt. Sie laufen um den Kreis. Fängt der Fuchs den Hasen, wechseln die beiden ihre Rolle. Der Hase kann weiterrennen, er kann sich aber auch schnell vor ein Paar im Kreis stellen. Der Spieler, der hinten steht, saust nun als Hase sofort davon.

Von den Wörtern

Palme

Turm

Traum

Muck

Lippel

Namenwörter

Alle Menschen, Tiere, Pflanzen und
Dinge haben Namen. Es gibt auch Namenwörter für Gedanken und Gefühle.
Namenwörter (Substantive) schreibt man
groß.

Namenwörter (Substantive) gibt es in der
Einzahl und **Mehrzahl**.

Maus

Mäuse

Namenwörter (Substantive) haben einen
bestimmten oder unbestimmten **Begleiter**
(Artikel):
bestimmter Artikel: der, die, das
unbestimmter Artikel: ein, eine, ein

die Banane
eine Banane

der Koffer
ein Koffer

das Buch
ein Buch

Manche Namenwörter (Substantive)
fassen andere Namenwörter zusammen.
Sie heißen Oberbegriffe.

Obst

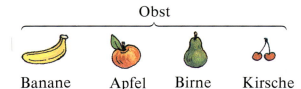

Banane   Apfel   Birne   Kirsche

Mit den Wortbausteinen **-heit, -keit, -ung,
-in, -nis** können wir Namenwörter bilden.

sich erinnern
die Erinnerung

Fürwörter (Pronomen) können Namenwörter ersetzen.

wir   du   er   ich

114

es regnet   ich laufe

Zeitwörter

Zeitwörter (Verben) sagen uns, was
jemand tut oder was geschieht.
Zeitwörter (Verben) schreibt man klein.

Zeitwörter (Verben) haben einen
Wortstamm und verschiedene **Endungen.**

	Wortstamm	
Grundform	geh	en ← Endung
Personalform	geh	t ← Endung

Zeitwörter sagen uns,
wann etwas geschieht.

er schreibt   er hat geschrieben   er schrieb   er wird schreiben

▲   ▲   ▲   ▲

Gegenwart   Vergangenheit   Zukunft

Eigenschaftswörter

Eigenschaftswörter (Adjektive) sagen,
wie etwas ist.

saftig   Melone   grün   groß   schwer

Mit Eigenschaftswörtern (Adjektiven)
können wir vergleichen.

hoch   höher   am höchsten
Grundstufe 1. Vergleichs- 2. Vergleichs-
            stufe   stufe

Wir können **zusammengesetzte
Eigenschaftswörter** (Adjektive) bilden.

so rot wie das Feuer → feuerrot

Wortbaustein

Wir können **Eigenschaftswörter**
(Adjektive) mit vorangestellten
Wortbausteinen und nachgestellten
Wortbausteinen bilden.

lich   un   gefähr   Gefahr

Von den Sätzen

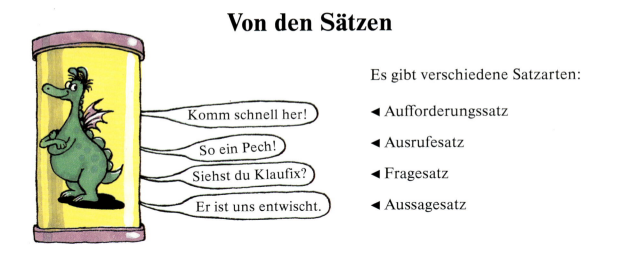

Es gibt verschiedene Satzarten:

◀ Aufforderungssatz

◀ Ausrufesatz

◀ Fragesatz

◀ Aussagesatz

(Komm schnell her!)

(So ein Pech!)

(Siehst du Klaufix?)

(Er ist uns entwischt.)

In einem Satz gibt es **Satzglieder**:

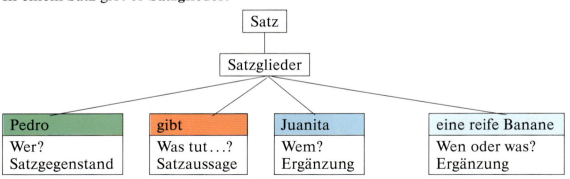

Pedro	gibt	Juanita	eine reife Banane
Wer? Satzgegenstand	Was tut…? Satzaussage	Wem? Ergänzung	Wen oder was? Ergänzung

Mit der **wörtlichen Rede** schreiben wir gesprochene Sätze auf.

Begleitsatz

Der Tausendfüßler seufzt:
↑ Doppelpunkt

wörtliche Rede

„Ich bin so einsam.“
↑ Anführungszeichen ↑

wörtliche Rede

„Laß mich dein Freund sein!“
↑ Anführungszeichen ↑

Begleitsatz

bittet der Baumgeist.

Lösungsecke

Wörter von A bis Z

A, a

der	**Aal**
	ab
der	**Abend**
	abends
das	**Abenteuer**, die Abenteuer
	abenteuerlich
	achten, du achtest
die	**Achtung**
	alt, älter, am ältesten
die	**Ampel**, die Ampeln
die	**Angst**, die Ängste
	ängstlich
	anrufen, du rufst an, er rief an
der	**Apfel**, die Äpfel
die	**Arbeit**, die Arbeiten
	arbeiten, du arbeitest
der	**Ärger**
	ärgerlich
	ärgern, du ärgerst
der	**Arzt**, die Ärzte
die	**Ärztin**, die Ärztinnen
der	**Ast**, die Äste
der	**Astronaut**, die Astronauten
	auf
	auf einmal
	aufpassen, du paßt auf
	aufstellen, du stellst auf
	aus
	auseinander
	außen

B, b

der	**Bach**, die Bäche
	backen, du backst
der	**Bäcker**, die Bäcker
die	**Bäckerin**, die Bäckerinnen
die	**Bahn**
der	**Bahnhof**, die Bahnhöfe
die	**Banane**, die Bananen
der	**Bär**, die Bären
der	**Baß**, die Bässe
	basteln, du bastelst
	bauen, du baust
der	**Baum**, die Bäume
	beachten, du beachtest
die	**Beere**, die Beeren
	befehlen, du befiehlst, sie befahl
	begrüßen, du begrüßt
das	**Beispiel**, die Beispiele
sich	**bemühen**, du bemühst dich
	bequem
der	**Berg**, die Berge
der	**Bericht**, die Berichte
	berichten, du berichtest
	beruhigen, du beruhigst
	berühmt
	bestehen, du bestehst
der	**Besuch**, die Besuche
	besuchen, du besuchst
die	**Bevölkerung**
	bevor
	biegen, du biegst, sie bog
	biegsam
das	**Bild**, die Bilder
	bilden, du bildest
	billig
	binden, du bindest, sie band
der	**Biß**, die Bisse
die	**Bitte**, die Bitten
	bitten, du bittest, er bat
	blasen – du bläst, sie blies
das	**Blatt**, die Blätter
	blau
	bleiben, du bleibst, er blieb
	bleich
der	**Blick**, die Blicke
	blicken, du blickst
	blind
der	**Blitz**, die Blitze
	blond
	bohren, du bohrst
das	**Boot**, die Boote
	brav
	brennen, es brennt, es brannte
der	**Brief**, die Briefe
der	**Briefträger**, die Briefträger
	bringen, du bringst, er brachte
	brummen, du brummst

die **Brücke,** die Brücken
das **Buch,** die Bücher
bunt
die **Burg,** die Burgen

C, c

der **Clown,** die Clowns
der **Computer,** die Computer

D, d

dabei
damit
danach
der **Dank**
dankbar
danken, du dankst
dann
daran
das
daß
dauern, es dauert
davon
decken, du deckst
denken, du denkst, sie dachte
der **Detektiv,** die Detektive
deutlich
deutsch
Deutschland
dick – dicker – am dicksten
der **Dieb,** die Diebe
das **Diktat,** die Diktate
der **Doktor,** die Doktoren
der **Drache,** die Drachen
der **Draht,** die Drähte
der **Dreck**
dreckig

drehen, du drehst
drücken, du drückst
dumm – dümmer – am dümmsten
die **Dummheit,** die Dummheiten
dunkel
die **Dunkelheit**
der **Durst**
durstig

E, e

die **Ecke,** die Ecken
eckig
einmal
das **Ende,** die Enden
endlich
endlos
entdecken, du entdeckst
die **Entdeckung,** die Entdeckungen
die **Entschuldigung,**
    die Entschuldigungen
entstehen, es entsteht,
    es entstand
die **Erde**
sich **ereignen,** es ereignet sich
das **Ereignis,** die Ereignisse
das **Ergebnis,** die Ergebnisse
erfinden, du erfindest, sie erfand
erfinderisch
die **Erfindung,** die Erfindungen
sich **erinnern,** du erinnerst dich
die **Erinnerung,** die Erinnerungen
erklären, du erklärst
die **Erklärung,** die Erklärungen
erlauben, du erlaubst
die **Erlaubnis**
ernähren, du ernährst
die **Ernährung**
erschrecken, du erschrickst,
    er erschrak
erwidern, du erwiderst
erzählen, du erzählst
die **Erzählung,** die Erzählungen
eßbar
essen, du ißt, sie aß
Europa

F, f

fahren, du fährst, er fuhr
das **Fahrrad,** die Fahrräder
die **Fahrt,** die Fahrten
fallen, du fällst, sie fiel
die **Familie,** die Familien
fangen, du fängst, sie fing
das **Faß,** die Fässer
fassen, du faßt
die **Fee,** die Feen
fehlen, du fehlst
der **Fehler,** die Fehler
feige
die **Feigheit**
der **Feind,** die Feinde
fernsehen, du siehst fern,
    er sah fern
der **Fernseher,** die Fernseher
fertig
fest
das **Feuer,** die Feuer
finden, du findest, er fand
finster
die **Finsternis**
flackern, es flackert
die **Flamme,** die Flammen
der **Fleck,** die Flecken
fleckig
flicken, du flickst
fliegen, du fliegst, sie flog
fließen, es fließt, es floß
der **Fluß,** die Flüsse
flüstern, du flüsterst
fragen, du fragst
Frankreich
fremd
fressen, er frißt, er fraß
die **Freude**
sich **freuen,** du freust dich
der **Freund,** die Freunde
die **Freundin,** die Freundinnen

	freundlich
der	**Frieden**
	friedlich
	frieren, du frierst, sie fror
	froh
	fröhlich
die	**Fröhlichkeit**
die	**Frucht,** die Früchte
	fruchtbar
	fühlen, du fühlst
	führen, du führst
	furchtbar
(sich)	**fürchten,** du fürchtest (dich)
	fürchterlich
	furchtlos
der	**Fuß,** die Füße

G, g

der	**Gang,** die Gänge
	ganz
das	**Gas,** die Gase
der	**Gast,** die Gäste
das	**Gebäude,** die Gebäude
	geben, du gibst, er gab
der	**Geburtstag,** die Geburtstage
das	**Gedächtnis**
die	**Gefahr,** die Gefahren
	gefährlich
	gefallen, es gefällt, es gefiel
	geheim
das	**Geheimnis,** die Geheimnisse
	geheimnisvoll
	gehen, du gehst, sie ging
der	**Geiz**
	geizig
	gelb
das	**Geld**
	gelingen, es gelingt, es gelang
das	**Gemüse**
	geraten, du gerätst, er geriet
das	**Geräusch,** die Geräusche
	geschehen, es geschieht, es geschah
die	**Geschichte,** die Geschichten
das	**Gespenst,** die Gespenster

	gesund
die	**Gesundheit**
	gießen, du gießt, sie goß
	glänzen, es glänzt
das	**Glas,** die Gläser
	glatt
	glauben, du glaubst
die	**Glocke,** die Glocken
das	**Glück**
	glücklich
	glühen, es glüht
die	**Glut**
das	**Gold**
	graben, du gräbst, er grub
das	**Gras,** die Gräser
	grau
die	**Grenze,** die Grenzen
	groß – größer – am größten
	grün
die	**Gruppe,** die Gruppen
der	**Gruß,** die Grüße
	grüßen, du grüßt
	gucken, du guckst

H, h

das	**Haar,** die Haare
	haben, du hast, er hatte
der	**Hafen,** die Häfen
der	**Hahn,** die Hähne
der	**Hai,** die Haie
	halten, du hältst, sie hielt
die	**Hand,** die Hände
	hart – härter – am härtesten
die	**Hausaufgabe,** die Hausaufgaben
	heiß
	heißen, du heißt, er hieß
	heiter
die	**Heiterkeit**
	heizen, du heizt
die	**Heizung,** die Heizungen
	helfen, du hilfst, sie half
	hell

	hellblau
das	**Hemd,** die Hemden
der	**Herr,** die Herren
	herrlich
das	**Herz,** die Herzen
	heulen, du heulst
	heute
die	**Hilfe,** die Hilfen
der	**Himmel**
	himmlisch
das	**Hindernis,** die Hindernisse
die	**Hitze**
	hoch – höher – am höchsten
die	**Höhle,** die Höhlen
	holen, du holst
	Holland
das	**Holz,** die Hölzer
der	**Hund,** die Hunde
der	**Hunger**
	hungrig
	hüpfen, du hüpfst

I, i

	ich
die	**Idee,** die Ideen
	ihm, ihn, ihnen, ihr, ihrem, ihren
	in
der	**Indianer,** die Indianer
die	**Indianerin,** die Indianerinnen
die	**Information,** die Informationen
	interessant
sich	**interessieren,** du interessierst dich
	irren, du irrst
	Italien

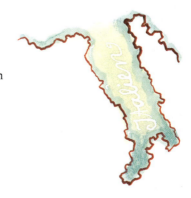

J, j

die **Jacke,** die Jacken
das **Jahr,** die Jahre
jammern, du jammerst
jetzt
jung – jünger – am jüngsten
der **Junge,** die Jungen

K, k

der **Käfer,** die Käfer
der **Kaffee**
der **Käfig,** die Käfige
der **Kahn,** die Kähne
der **Kai**
der **Kaiser,** die Kaiser
der **Kakao**
das **Kalb,** die Kälber
der **Kalender,** die Kalender
die **Kartoffel,** die Kartoffeln
die **Katze,** die Katzen
der **Kauz,** die Käuze
kennen, du kennst, sie kannte
die **Kerze,** die Kerzen
das **Kind,** die Kinder
die **Kirsche,** die Kirschen
klappern, es klappert
das **Klavier,** die Klaviere
kleben, du klebst
der **Klee**
das **Kleid,** die Kleider
die **Kleidung**
klein – kleiner – am kleinsten
klettern, du kletterst
klopfen, du klopfst

klug – klüger – am klügsten
die **Klugheit**
knallen, es knallt
der **Knopf,** die Knöpfe
kochen, du kochst
der **Koch,** die Köche
die **Köchin,** die Köchinnen
die **Kohle**
die **Kokosnuß,** die Kokosnüsse
kommen, du kommst, er kam
können, du kannst, sie konnte
der **Korb,** die Körbe
krachen, es kracht
die **Kraft,** die Kräfte
kräftig
der **Kran,** die Kräne
kratzen, es kratzt
das **Kraut,** die Kräuter
kriechen, du kriechst, er kroch
der **Kuß,** die Küsse

L, l

der **Laib,** die Laibe
der **Laich** (Froschlaich)
das **Land,** die Länder
lang – länger – am längsten
langsam
langweilig
lassen, du läßt, er ließ
laufen, du läufst, sie lief
lecken, du leckst
leer
legen, du legst
lehren, du lehrst
der **Lehrer,** die Lehrer
die **Lehrerin,** die Lehrerinnen
lehrreich
lernen, du lernst
lesbar
lesen, du liest, sie las
leuchten, du leuchtest
die **Leute**
lieb – lieber – am liebsten
liegen, du liegst, er lag
loben, du lobst
die **Locke,** die Locken
der **Lohn,** die Löhne
lügen, du lügst, er log
lustig

M, m

machen, du machst
das **Mädchen,** die Mädchen
der **Mai**
der **Mais**
manchmal
die **Maus,** die Mäuse
das **Meer,** die Meere
meinen, du meinst
die **Meinung,** die Meinungen
meist
am meisten
meistens
der **Mensch,** die Menschen
messen, du mißt, er maß
das **Mißtrauen**
mißtrauisch
das **Mitleid**
der **Mittag,** am Mittag
das **Mittagessen**
der **Mond**
das **Moor,** die Moore
das **Moos,** die Moose
müssen, du mußt, sie mußte
die **Mütze,** die Mützen

N, n

der **Nachbar,** die Nachbarn
die **Nachbarin,** die Nachbarinnen
die **Nacht,** die Nächte
nahrhaft
die **Nahrung**
nämlich
naß
die **Natur**
natürlich
nehmen, du nimmst, er nahm
nervös
neu
neugierig
nie
niemals
nirgends
der **November**
die **Nuß,** die Nüsse
nützen, es nützt
nützlich
nutzlos

O, o

die **Oase**, die Oasen
obwohl
oder
offen
öffnen, du öffnest
oft
öfter
die **Orange**, die Orangen
die **Ordnung**
ordentlich

P, p

das **Paar**, die Paare
packen, du packst
das **Paket**, die Pakete
die **Palme**, die Palmen
der **Papagei**, die Papageien
das **Papier**
der **Paprika**
der **Paß**, die Pässe
passen, es paßt
passieren, es passiert
die **Pause**, die Pausen
der **Pelz**, die Pelze
der **Pfahl**, die Pfähle
pfeifen, du pfeifst, sie pfiff
das **Pferd**, die Pferde
die **Pflanze**, die Pflanzen
pflanzen, du pflanzt
die **Pfütze**, die Pfützen
die **Phantasie**
phantastisch
der **Pilot**, die Piloten
der **Pilz**, die Pilze
der **Planet**, die Planeten
der **Platz**, die Plätze
plötzlich
die **Polizei**
der **Polizist**, die Polizisten

Portugal
praktisch
prasseln, es prasselt
der **Prinz**, die Prinzen
die **Prinzessin**, die Prinzessinnen
prüfen, du prüfst
die **Prüfung**, die Prüfungen

Qu, qu

quaken, es quakt
der **Qualm**
qualmen, es qualmt
der **Quark**
die **Quelle**, die Quellen
quer

R, r

das **Rad**, die Räder
rascheln, es raschelt
der **Raub**
der **Räuber**, die Räuber
rauchen, es raucht
der **Raum**, die Räume
räumen, du räumst
das **Raumschiff**, die Raumschiffe
rauschen, es rauscht
der **Regen**
regnen, es regnet
regnerisch
reiben, du reibst, er rieb
reich – reicher – am reichsten

reif
die **Reise**, die Reisen
reisen, du reist
reißen, du reißt, sie riß
der **Reiz**
reizen, es reizt
die **Religion**
rennen, du rennst, sie rannte
retten, du rettest
die **Rettung**
das **Rezept**, die Rezepte
der **Riese**, die Riesen
der **Riß**, die Risse
der **Roboter**, die Roboter
rot
rufen, du rufst, er rief
die **Ruhe**
ruhelos
ruhig
rund

S, s

der **Saft**, die Säfte
saftig
sagen, du sagst
die **Saite**, die Saiten
der **Salat**, die Salate
das **Salz**
salzig
satt
der **Satz**, die Sätze
sauber
säubern, du säuberst
scharf
der **Schatz**, die Schätze
der **Scherz**, die Scherze
scherzen, du scherzt
schicken, du schickst
schieben, du schiebst, er schob
schief
schimpfen, du schimpfst
der **Schlaf**
schlafen, du schläfst, sie schlief
schlaflos
schlagen, du schlägst, er schlug
schleichen, du schleichst,
   sie schlich

schließen, du schließt, er schloß
schließlich
das Schloß, die Schlösser
der Schluß, die Schlüsse
der Schlüssel, die Schlüssel
das Schmalz
der Schmuck
schmücken, du schmückst
der Schmutz
schmutzig
die Schnauze, die Schnauzen
der Schnee
schneiden, du schneidest,
  sie schnitt
schnell – schneller –
  am schnellsten
schön – schöner – am schönsten
die Schönheit
der Schreck, die Schrecken
schrecklich
schreiben, du schreibst,
  er schrieb
schreien, du schreist, sie schrie
der Schuß, die Schüsse
die Schüssel, die Schüsseln
schwarz
die Schweiz
schwierig
die Schwierigkeit,
  die Schwierigkeiten
schwimmen, du schwimmst,
  er schwamm
schwören, du schwörst, sie schwor
sehen, du siehst, er sah
sehr
sein, du bist, sie ist, sie war…
seltsam
der Sessel, die Sessel
seufzen, du seufzt
sicher
die Sicherheit, die Sicherheiten
die Sicht
sichtbar
sieben
sinken, du sinkst, er sank
sitzen, du sitzt, sie saß
der Sklave, die Sklaven
sofort
sogar
die Sohle, die Sohlen
sollen, du sollst
sonderbar
die Sorge, die Sorgen
sorgen, du sorgst
sorglos

Spanien
spannend
die Spannung, die Spannungen
der Spaß, die Späße
spazieren, du spazierst
der Speer, die Speere
das Spiel, die Spiele
spielen, du spielst
die Spitze, die Spitzen
springen, du springst, sie sprang
spritzen, du spritzt
die Spur, die Spuren
spurlos
die Stadt, die Städte
stark – stärker – am stärksten
staunen, du staunst
stehen, du stehst, sie stand
stehlen, du stiehlst, er stahl
steigen, du steigst, sie stieg
die Steigung, die Steigungen
stellen, du stellst
der Stern, die Sterne
stolz
stoppen, du stoppst
stören, du störst
die Störung, die Störungen
der Strahl, die Strahlen
strahlen, er strahlt
der Strand, die Strände
stürzen, du stürzt

T, t

der Tag, die Tage
das Tal, die Täler
tanzen, du tanzt
der Tänzer, die Tänzer
die Tänzerin, die Tänzerinnen
tapfer
die Tapferkeit
tastbar
die Taste, die Tasten
tauchen, du tauchst
der Tee
der Teer
das Telefon, die Telefone
teuer – teurer – am teuersten
tief – tiefer – am tiefsten

das Tier, die Tiere
tierisch
die Tomate, die Tomaten
tragen, du trägst, sie trug
der Traum, die Träume
träumen, du träumst
traurig
die Traurigkeit
treffen, du triffst, sie traf
der Treffpunkt, die Treffpunkte
trinkbar
trinken, du trinkst, er trank
trocken
der Trost
trösten, du tröstest
trostlos
trotzdem
die Türkei

U, u

üben, du übst
über
die Überraschung,
  die Überraschungen
der Unfall, die Unfälle
das Unglück, die Unglücke
unglücklich
unheimlich
unsichtbar
der Unterricht
der Urlaub
der Urwald, die Urwälder

V, v

die Vanille
die Vase, die Vasen
der Vater, die Väter
das Veilchen, die Veilchen
der Verdacht
verdächtig
vergessen, du vergißt, er vergaß

	verkaufen, du verkaufst		die	**Waise,** die Waisen		

verkaufen, du verkaufst

der **Verkäufer,** die Verkäufer

die **Verkäuferin,** die Verkäuferinnen

der **Verkehr**

verlieren, du verlierst, sie verlor

verschließen, du verschließt, er verschloß

der **Verschluß,** die Verschlüsse

verschwinden, du verschwindest, sie verschwand

der **Versuch,** die Versuche

versuchen, du versuchst

das **Vieh**

viel, viele

vielleicht

vier

vierzehn

vierzig

die **Villa,** die Villen

der **Vogel,** die Vögel

das **Volk,** die Völker

voll

vom

von

vor

vorbei

vorbeifahren, du fährst vorbei…

vorschlagen, du schlägst vor…

die **Vorsicht**

vorsichtig

vorwärts

der **Vulkan,** die Vulkane

W, w

die **Waage,** die Waagen

waagerecht

wählen, du wählst

wahr

die **Wahrheit**

wahrscheinlich

---

die **Waise,** die Waisen

der **Wald,** die Wälder

die **Wand,** die Wände

wandern, du wanderst

die **Wanderung,** die Wanderungen

wann

warm – wärmer – am wärmsten

warten, du wartest

warum

was

das **Wasser**

der **Wasserfall,** die Wasserfälle

weich

der **Weizen**

die **Welt**

wem

wen

wenig

wenn

werfen, du wirfst, sie warf

wessen

das **Wetter**

wie

wieder

die **Wiese,** die Wiesen

wild

die **Wildnis**

wirklich

die **Wirklichkeit**

wissen, du weißt, er wußte

der **Witz,** die Witze

wo

wohnen, du wohnst

die **Wohnung,** die Wohnungen

wollen, du willst

wühlen, du wühlst

das **Wunder,** die Wunder

wunderbar

die **Wüste,** die Wüsten

X, x

beliebige

Y, y

Wörter mußt du nicht lernen

Z, z

die **Zahl,** die Zahlen

zahlen, du zählst

der **Zahn,** die Zähne

zart

zärtlich

zaubern, du zauberst

zehn

das **Zelt,** die Zelte

ziehen, du ziehst, er zog

das **Ziel,** die Ziele

ziellos

ziemlich

zischen, es zischt

die **Zitrone,** die Zitronen

der **Zoo,** die Zoos

zucken, es zuckt

der **Zucker**

der **Zug,** die Züge

die **Zukunft**

zukünftig

die **Zunge,** die Zungen

zurück

zusammen

zuviel

zuvor

zwanzig

zwischen

Sachthema	Sprechen	Schrift und Gestaltung	Texte verfassen
1 **Lippels Traum** S. 4-9	zu Bildern erzählen Traumgeschichten fortsetzen Gespräche führen	eine Traumgeschichte gestalten	eine Traumgeschichte schreiben
2 **Drachen- tempo 10** S. 10-15	situationsangemessenes partnerbezogenes Sprechen eine Spielanleitung erfinden zu Bildern erzählen Rollenspiel eine Geschichte fortsetzen	Gestaltung einer Spielanleitung	eine Spielanleitung aufschreiben eine Bildergeschichte schreiben, Textaufbau und Textgestaltung: Überschrift, Einleitung, Hauptteil
3 **Siebenschläfer- Geschichten** S. 16-21	Inhalt wiedergeben ein Tiererlebnis erzählen genau beschreiben	einen Steckbrief gestalten eine Tabelle anlegen	einen Steckbrief verfassen ein Tiererlebnis aufschreiben anschaulich folgerichtig erzählen und schreiben
4 **Hallo Europa!** S. 22-27	einem Liedtext Informationen entnehmen „Gedicht"-Text fortsetzen	einen Brief beschriften	einen Einkaufszettel schreiben
5 **Feuer** S. 28-33	einen Text nacherzählen eine Erfindung beschreiben eine Spielform erfinden zu einem Lied einen Tanz entwickeln Redewendungen	einen Text richtig abschreiben	eine Reizwortgeschichte erfinden folgerichtiger Aufbau
6 **Abenteuer Lesen** S. 34-39	zu einem Bild erzählen ein bedeutendes Erlebnis aus der Erinnerung erzählen Lieblingsbuch vorstellen eigene Meinung äußern und vertreten ein Spiel erfinden Schluß einer Geschichte ausdenken	ein Geschichtenbuch zusammen- stellen eine Titelseite gestalten	ein Lesetagebuch führen Stichwörter notieren Textaufbau und Textgestaltung: Höhepunkt gestalten, Einleitung, Hauptteil, Schluß Thema zu einer Rahmengeschichte wählen
7 **Geisterstunde** S. 40-45	eine Bastelanleitung erklären Geisterinstrumente und Geräusche erfinden treffende Ausdrucksformen	einen Text richtig abschreiben	nach vorgegebenem Anfang eine Gespenstergeschichte schreiben, Überschrift und Schluß finden
8 **Kleine und große Erfinder** S. 46-51	Übungen zur Verbesserung der Artikulation p, t, k im Anlaut zu Bildern und Sachtexten erzählen und spielen eine Bildergeschichte in der richtigen Reihenfolge erzählen und ergänzen	ein Gedicht abschreiben Wörter mit P/p, T/t, K/k kenn- zeichnen und üben Schluß einer Geschichte malen	Stichwörter notieren eine Geschichte zu einem vorge- gebenen Rahmenthema schreiben Ergänzungen unvollständiger Bildfolgen eine Bildergeschichte schreiben eine Überschrift finden eine Fortsetzungsgeschichte schreiben
9 **Treffpunkt Weltraum** S. 52-57	einem Bild Informationen entnehmen Auskunft sachgerecht erteilen Phantasiegeschichte erzählen		eine Phantasie-/Weltraumgeschichte schreiben Gestaltung wesentlicher Teile einer Geschichte: Einleitung, Hauptteil, Schl eine Überschrift finden

Rechtschreiben	Sprachbetrachtung	Lesen	Sachthema
Satzzeichen Großschreibung von Namenwörtern (Substantiven) Namenwörter mit -heit, -keit, -ung	Satzarten Oberbegriffe Begleiter (Artikel) Namenwort (Substantiv) Namenwörter mit -heit, keit, -ung Wortfeld sagen wörtliche Rede und Begleitsätze	Informationen aus Bild und Text entnehmen Klappentext lesen mit verteilten Rollen lesen	1 **Lippels Traum** S. 4-9
Wörter mit ah, eh, ih, oh, uh, äh, öh, üh (Längen-Zeichen -h)	Ausrufe/Ausrufesätze wörtliche Rede Zeitwort (Verb) Personal- und Grundform Vergangenheitsformen Wortfamilien *(fahren, drehen, sehen)*	Lied Rollenspiel	2 **Drachentempo 10** S. 10-15
Wörter mit ie, ieh und ih Arbeitstechnik: Wortlistentraining Partnerdiktat	Eigenschaftswort (Adjektiv) zusammengesetzte Substantive (Grund- und Bestimmungswort) wörtliche Rede	einem Text Informationen entnehmen Lexikonartikel	3 **Siebenschläfer-Geschichten** S. 16-21
Wörterdiktat Wörter mit ä und e Ableitung a - ä Kleinschreibung von zusammengesetzten Adjektiven	Vergangenheit – Grundform Adjektiv Vergleichsstufen des Adjektivs Wortfamilie reisen (Ein- / Mehrzahl) Anredefürwörter bestimmte Begleiter (Artikel) zusammengesetzte Adjektive	sinnentsprechende Gestaltung: Lied - Singspiel Umgang mit Texten: Rätsel	4 **Hallo Europa!** S. 22-27
Gebrauch der Wörterliste Mitlauthäufung, doppelter Mitlaut tz und ck nach kurzem Selbstlaut Reimpaare Wörter mit ck Wörter mit ck trennen Partnerdiktat	Zeitstufe Vergangenheit, Grundform - Gegenwart- Vergangenheit Wortfeld *brennen* Wortfeld *Feuer* Substantiv und verwandtes Adjektiv Redewendungen	Umgang mit Texten: Lied Rätsel Redewendungen	5 **Feuer** S. 28-33
Wörter mit V, v Wortlistentraining im Wörterbuch nachschlagen Wörter mit ai	Adjektive, verwandte Substantive und Verben Wortbausteine -ver und -vor Oberbegriffe	Umgang mit Texten: Gedicht Kinderbücher (Autoren, Titel, Kinderbuchfiguren) Buchvorstellung Orientierung in einer Bücherei	6 **Abenteuer Lesen** S. 34-39
Auslaute b, d, g (bei Substantiven, Adjektiven und Verben) Rechtschreibhilfen bei Auslauten Silbentrennung	Stellung und Funktion der Satzteile: Satzglieder umstellen Satzgegenstand / Satzaussage	Bastelanleitung lesen	7 **Geisterstunde** S. 40-45
Artikulationsübungen Wörter mit P/p, T/t, K/k im Anlaut im Wörterbuch nachschlagen	nach Wortarten ordnen Vergangenheitsformen (Präteritum und Perfekt) ein- und zweiteilige Satzaussage	Sachtexte lesen Gedicht vortragen	8 **Kleine und große Erfinder** S. 46-51
Arbeitstechnik: im Lexikon nachschlagen nach dem ABC ordnen Wörter mit B/b, D/d, G/g Fremdwörter im Anlaut, Bingo spielen Wörter mit voran- und nachgestellten Wortbausteinen	Zukunft nach Wortarten ordnen vorangestellte Wortbausteine Fremdwörter nachgestellte Wortbausteine -los, -bar, -isch, -sam	Sachtexte lesen	9 **Treffpunkt Weltraum** S. 52-57

Sachthema	Sprechen	Schrift und Gestaltung	Texte verfassen
10 **Alles Banane!** S. 58-63	Ideen sammeln Informationen beschaffen fächerübergreifendes Projekt planen	ein Rezept aufschreiben Rezepte sammeln Buchstabe ß üben	zweckgerichtete Texte: Bananengeschichten schreiben ein Rezept aufschreiben
11 **Wie die alten Römer...** S. 64-69	zu Bildern erzählen ein Spiel erklären ein Spiel erfinden Redensarten erklären zu einem Bild erzählen	Redensarten gestalten ein Titelblatt gestalten	Spielanleitung eine Geschichte zu vorgegebenen Redensarten schreiben eine Geschichte zu einem Rahmenthema schreiben
12 **Die Sendung mit dem Drachen** S. 70-75	zu Bildern erzählen eigene Meinung äußern und vertreten	Liste (Umfrage) gestalten Buchstabenverbindungen lz, nz, rz	mittelbare Aufsatzerziehung: Wortschatzübung, Sätze verbinden nach Vorgaben eine Bildergeschichte schreiben treffende Ausdrücke finden
13 **Meisterdetektive Bello & Co** S. 76-81	genau beobachten Zusammenhänge herstellen Personen beschreiben	Geheimschrift erfinden	Sätze bilden Geschichten zu Reizwörtern erfinden (Detektivgeschichten)
14 **Auf den Spuren der Indianer** S. 82-87	selbständig Informationen besorgen eine Ausstellung organisieren eine Zeichensprache erfinden genau beschreiben eine Geschichte nacherzählen	Stichwörter notieren (indianische) Bilderschrift Geheimschrift	Stichwörter notieren Bastelanleitung schreiben Texte mit vorgegebenem Anfang schreiben Erzählperspektive beachten Überschrift und Schluß suchen Texte nach vorgegebenen Bilderzeichen schreiben
15 **Kinderzeitschrift Polarstern** S. 88-95	ein Interview planen und durchführen Steckbriefe Bastelanleitung eigene Meinungen äußern und vertreten	Überschriften gestalten einen Steckbrief gestalten verschiedene Schreibschriften (Lateinische Ausgangsschrift, Vereinfachte Ausgangsschrift und Schulausgangsschrift) Plakate entwerfen	treffende Ausdrucksformen Geschichten zu Reizwörtern erfinden zu Bildern schreiben einen Steckbrief schreiben Gedichte fortsetzen
16 **Mein Freund, der Baum** S. 96-101	Erlebnisse erzählen beobachten und beschreiben Texte vergleichen (Lied und Gedicht) Projekt beschreiben	Schmuckblatt gestalten Plakate gestalten	Plakate schreiben Erlebnisse und Beobachtungen aufschreiben Verwendung der wörtlichen Rede Werbesprüche erfinden
17 **Spiel und Spaß** S. 102-107	Spiele erklären und gemeinsam planen	Notizen aufschreiben	Notizen Sätze verknüpfen Sätze bilden eine Phantasiegeschichte schreiben eine Spielanleitung schreiben Arbeitstechnik: einen Text überarbeiten

Rechtschreiben	Sprachbetrachtung	Lesen	Sachthema
Wörter mit ss, ß	Satzaussage Wen-/Was- und Wem-Ergänzungen Ausrufesätze Personalformen	Rezept lesen aus Lexika Informationen entnehmen Bilderrätsel lösen einen Zaubertrick nach Anleitung ausführen	10 **Alles Banane!** S. 58-63
Wörter mit aa, ee, oo Wörter mit V/v und F/f Wortlistentraining	starke und schwache Verben Vergangenheit (Präteritum) Fragesätze verwandte Wörter suchen Wortfamilien *schreiben* und *fallen*	Spielanleitung lesen Sinn von Redensarten entnehmen Verhaltensweisen vergleichen	11 **Wie die alten Römer...** S. 64-69
nach Zwielaut, Wörter mit lz, rz, nz im Wörterbuch nachschlagen Zeichensetzung Wortlistentraining Arbeitstechnik: ein Eigendiktat schreiben	Verbindungswörter (Konjunktionen und Adverbien) Satzglieder persönliche Fürwörter (Pronomen) als Satzgegenstand Abstrakta	Rätsel lösen pro und contra spielen	12 **Die Sendung mit dem Drachen** S. 70-75
Groß- und Kleinschreibung Wörter mit chs im Wörterbuch nachschlagen Arbeitstechnik: Wörtertraining (eine Rechtschreibkartei anlegen)	nach Wortarten ordnen Wem-Ergänzungen Wen-/Was-Ergänzungen Fragesätze Ortsangaben (Präpositionen) Wortfamilie wechseln	mit der Textart Rätsel umgehen	13 **Meisterdetektive Bello & Co** S. 76-81
Wörter mit langem betontem Selbstlaut und zusätzlichem Merkmal (Dehnungs-h)	bildhafte Vergleiche zusammengesetzte Adjektive Wortfeld *sehen*	Informationen aus Bild und Text entnehmen Bastelanleitung	14 **Auf den Spuren der Indianer** S. 82-87
Wörter mit nachgestellten Wortbausteinen (-in/-nis) Mehrzahlbildung (-innen, -nisse)	nachgestellte Wortbausteine -in/nis Mehrzahlbildung -innen/-nisse Wortfeld *Berufe* Wortfeld *machen* Oberbegriffe Vergleichsstufen Konjunktionen (Kausal-)	Witze (mehrdeutige Wörter) ein Gedicht vortragen Sprachspiele Leserbriefe vergleichen	15 **Kinderzeitschrift Polarstern** S. 88-95
Wörter mit äu und eu Ableitung äu – au einen Text berichtigen (Verbesserungsplan)	Satzarten Zeichensetzung Satzgegenstand Satzaussage Wen-/Was-Ergänzung Wem-Ergänzung verwandte Wörter suchen	mit verschiedenen Textarten umgehen: Lied Gedicht Zeitungsberichte (Sachtexte)	16 **Mein Freund, der Baum** S. 96-101
Wörter mit vorangestellten Wortbausteinen im Wörterbuch nachschlagen	Wortfeld gehen vorangestellte Wortbausteine Satzverknüpfungen (Konjunktionen) Satzbildung Wortfamilie *stellen*		17 **Spiel und Spaß** S. 102-107

Quellennachweis

S. 4   nach dem Klappentext zu Paul Maar, Lippels Traum. © Verlag Friedrich Oetinger, Hamburg 1984.

S. 5, 7-9   Paul Maar, Lippels Traum. © Verlag Friedrich Oetinger, Hamburg 1984.

S. 12   Ich fahr' mit Tempo 10 (Lied). Text: Rolf Krenzer, Melodie: Siegfried Fietz. © ABAKUS Schallplatten & Ulmtal Musikverlag, 6349 Greifenstein. Neue Melodiefassung: Karl-Friedrich Wengert, Heilbronn.

S. 22   Paule Puhmanns Paddelboot (Lied). Text und Melodie: Frederik Vahle. AKTIVE Musik Verlagsgesellschaft, Dortmund.

S. 24   nach Tilde Michels... (Gedicht: ... reise/Reise).

S. 28/29   nach Alois Th. Sonnleitner: Die Höhlenkinder. Stuttgart: Franckh-Kosmos Verlags-GmbH.

S. 30   Feuertanz (Lied). Text: Rolf Krenzer, Musik: Peter Janssens. Aus: Für das Leben wollen wir singen. Alle Rechte im Peter Janssens Musik Verlag, Telgte-Westfalen 1987.

S. 34   Josef Guggenmos, „Ich liebe meine Bücher...". Aus: Josef Guggenmos, Das kunterbunte Kinderbuch. Freiburg: Herder, 1987.

S. 35   nach Klaus Kordon, Wie Spucke im Sand. Programm Beltz & Gelberg, Weinheim: Beltz Verlag, 1987, S. 296f.

S. 37   Lexikonartikel, Stichwort: Mais. Nach Achim Bröger: Meyers großes Kinderlexikon. Mannheim: Bibliographisches Institut, Meyers Jugendbuchverlag, 1981, S. 154 (gekürzt).

S. 46   Texte nach Dagmar Binder. Aus: Mücke 11/89. Wiesbaden: Universum Verlagsanstalt, 1989. Unter Verwendung von Truus Nijhuis, Afrikanische Kinderspiele. Wuppertal: Peter Hammer Verlag, 1981.

S. 51   Erfindungen: Texte nach: Jean-Louis Besson: Die Welt der Erfindungen. Ravensburger Buchverlag, Otto Maier, 1990.

S. 82   nach dem Text „In der Indianerschule" von Bärbel Ebert. Aus: Mücke 1/88, S. 8-11. Wiesbaden: Universum Verlagsanstalt, 1988.

S. 91   Texte nach Quentin Blake/John Yeoman: Das Alibaba-Buch der Rekorde. Frankfurt a. M.: Alibaba Verlag, 1991.

S. 94   Ernst Jandl, auf dem land. Aus: Laut und leise. Reclam UB 9823. Stuttgart 1976.

S. 96   Ich hab' einen Freund, das ist ein Baum. (Lied). Text: Nortrud Boge-Erli, Melodie: Dorothée Kreusch-Jacob. © Musik: Patmos Verlag, Düsseldorf/© Text: Nortrud Boge-Erli.

S. 97   Harald Braem: Ich schenke dir diesen Baum. Aus: Gelberg, Überall und neben dir. Gedichte für Kinder. Hrsg. von Hans-Joachim Gelberg. Weinheim: Beltz Verlag, 1987. Programm Beltz & Gelberg. Gulliver Taschenbuch, Bd. 50, S. 242 (unvollständiger Abdruck).

Fotos:

S. 16   Anthony Verlag, Starnberg/R. Maier

S. 46   Foto 1: K. Paysan, Stuttgart, Foto 2: Agentur Wings & Partner (W. Gartung)

S. 50   Süddeutscher Verlag/Bilderdienst München

S. 52   Keystone Pressedienst, Hamburg

S. 58   Dr. Oetker Kinder-Kochbuch, S. 16. Ceres Verlag, Bielefeld 1990

S. 60   Anthony Verlag, Starnberg/Leather

S. 82   Claus Biegert, München

S. 96/97   Anthony Verlag, Starnberg/K. H. Eckhardt

S. 110   Quelle unbekannt, aber mit freundlicher Genehmigung des Jugenddienst-Verlages, Wuppertal

Grafik/Abbildungen:

S. 4   Paul Maar, Lippels Traum. © Verlag Friedrich Oetinger, Hamburg 1984.

S. 5-9   Illustrationen von Anke Münter, München, mit freundlicher Genehmigung des Verlages Friedrich Oetinger, Hamburg; nach: Paul Maar, Lippels Traum, a.a.O.

S. 34   Illustrationen von Jörg Drühl, Egglkofen, mit freundlicher Genehmigung und Abdruckerlaubnis für die Originalcover durch die Verlage:
Lentz Verlag: Ellis Kaut, Pumuckl. © by Lentz Verlag in der F. A. Herbig Verlagsbuchhandlung.
Verlag Friedrich Oetinger: Astrid Lindgren, Pippi Langstrumpf/Michel in der Suppenschüssel;
Paul Maar, Lippels Traum/Eine Woche voller Samstage; Christine Nöstlinger, Geschichten vom Franz.
K. Thienemanns Verlag: Otfried Preußler, Der Räuber Hotzenplotz/Das kleine Gespenst.
Beltz Verlag: Peter Härtling, Sofie macht Geschichten.

S. 71   „Jakob und das Fernsehprogramm". © Hans Jürgen Press, „Der kleine Herr Jakob". Ravensburger Buchverlag, Otto Maier.

S. 86   Abbildung aus: Praxis Grundschule 3/91. Beitrag von Claus Claussen und Elke Petersen (Zeichnungen). Braunschweig: Westermann Schulbuchverlag. S. 36.

S. 91   Bilder aus: Quentin Blake & John Yeoman: Das Alibaba-Buch der Rekorde. Frankfurt: Alibaba Verlag, 1991.

☆ Differenzierungsangebot

© 1993 R. Oldenbourg Verlag GmbH, München

1. Auflage 1993

Unveränderter Nachdruck   97   96   95   94   93
Die letzte Zahl bezeichnet das Jahr des Drucks.

ISBN 3-486-88374-7

Lektorat: Antje Glimmann M. A.
Layout und Herstellung: Thomas Rein
Umschlagkonzept: Mendell & Oberer, München
Umschlaggestaltung: Anke Münter unter Verwendung der Drachenfigur von Roman Spiro
Urheber der Drachenfigur: Roman Spiro
Satz: Horst Gerbert Layoutsatz-Repro, Haar b. München
Notationen: amadeus gmbh, München
Reproduktion: Wartelsteiner GmbH, Garching
Druck und Bindearbeiten:
R. Oldenbourg, Graph. Betriebe GmbH, München